绿化前的景观

绿化后的景观

干旱贫瘠的土壤

沿线风沙危害的见证

绿化区域的盐碱胁迫

绿化前的土壤侵蚀

边坡的中国沙棘

高边坡的沙打旺

平整带的新疆杨

平整带的旱柳

平整带的樟子松

平整带的云杉

平整带的沙枣

平整带的中国沙棘

柽柳埋条造林

中槐截干造林

搭设方格草障

浇灌定根水

搭设遮阳网减少蒸腾

搭设遮阳网减少蒸腾

捆绑秸秆防止冻害

及时松土除草

现场监理和技术指导

工程验收会议

干旱半干旱区风沙盐碱地高速公路人工植被建设技术

● 景宏伟 丁 宁 编著

人民交通出版社

内 容 提 要

本书以靖王高速公路为研究对象，以全面考察、机械抽样和典型抽样调查资料为依据，从人工植被设计、施工和管理的全过程入手，对高速公路人工植被建设的关键问题进行了系统的探讨。其主要内容包括：植物种类选择与配置，人工植被建设与管理，造林效果主要植物的生态适应性，人工植被综合效益评价及案例分析，以及主要树种造林技术等。

本书可供高速公路人工植被建设及相关技术人员参考使用。

图书在版编目(CIP)数据

干旱半干旱区风沙盐碱地高速公路人工植被建设技术/景宏伟等编著.—北京：人民交通出版社，2008.7
ISBN 978-7-114-07273-4

Ⅰ.干… Ⅱ.景… Ⅲ.①干旱区-高速公路-边坡-植被-防护②风沙地貌-高速公路-边坡-植被-防护③盐碱土-高速公路-边坡-植被-防护 Ⅳ.U418.9

中国版本图书馆CIP数据核字(2008)第102346号

书　　名：干旱半干旱区风沙盐碱地高速公路人工植被建设技术
著 作 者：景宏伟　丁　宁
责任编辑：乔文平
出版发行：人民交通出版社
地　　址：(100011)北京市朝阳区安定门外外馆斜街3号
网　　址：http://www.ccpress.com.cn
销售电话：(010)59757969　59757973
总 经 销：北京中交盛世书刊有限公司
经　　销：各地新华书店
印　　刷：北京牛山世兴印刷厂
开　　本：787×960　1/16
印　　张：9.25
插　　页：2
字　　数：156千
版　　次：2008年7月　第1版
印　　次：2008年7月　第1次印刷
书　　号：ISBN 978-7-114-07273-4
印　　数：0001-3000册
定　　价：26.00元

前　言

靖边至王圈梁高速公路地处干旱、半干旱地区，其相应的地带性植被为草原或荒漠草原，且途经地段以风沙土和盐碱土为主。它的绿化除了面临高速公路的普遍不利环境特征，如风大严寒、高温干燥、温度变化剧烈、土壤条件差、施工剩余物多等，还必须克服水分匮乏、风沙危害、盐碱胁迫和植物种类稀少对人工植被建设的限制性作用。因此，探索适合其环境特征的人工植被建设技术体系，不仅可以丰富公路人工植被建设的研究内容，而且可为干旱、半干旱地区高速公路绿化提供有益的借鉴。另一方面，与绿化造林效果密切联系的是人工植被的效益评价，只有做好人工植被效益的评估，才能为人工植被建设的技术优化提供依据。但就目前而言，这方面的研究不多，而且其中单项研究多而综合研究少。以靖王高速公路的具体情况而言，由于其环境条件特殊且复杂多变，其效益不仅涉及交通功能，而且涉及水土保持、防风固沙等多种作用。因此，开展靖王高速公路人工植被效益评价研究，不仅可以填补该方面的空白和丰富其研究内容，而且可以为今后的系统功能优化和技术体系优化提供借鉴。

基于上述理由，本研究以全面考察、机械抽样和典型抽样调查资料为依据，从人工植被设计、施工和管理的全过程入手，对高速公路人工植被建设的关键问题进行了系统地探讨，并得到了下列主要研究结果。

(1)环境背景特征和调查结果分析表明，制约靖王高速公路人工植被建设效果的主导因子包括干旱缺水、风沙危害、盐碱胁迫和植物种类稀少。因此，靖王高速公路人工植被建设的核心是克服这些不利因素的影响，从而提高建设的效果。其中，涉及的主要研究内容包括：植物种类选择与配置，抗旱、抗盐栽植技术和防风固沙措施，绿化工程管理方法，主要植物种类栽植效果及其生态适应对策等技术和理论问题。同时，对人工植被的生态效益进行科学评价，为人工植被系统功能及其建设技术体系优化奠定基础。

(2)根据生态适应性原则、功能适应性原则等，对可供人工植被建设的植物种类进行了认真筛选，并对不同功能区或同一功能区不同地段的群落结构进行设计和实施，主要包括植物种类组成、初植密度以及种植点配置方式等。其中，路基边坡采用灌草或灌木群落，以沙棘、柠条、紫穗槐、枸杞与沙打旺混交为主，主要功能是防止土壤侵蚀、稳固路基；平整带采用乔灌草群落，以新疆杨和旱柳等为林冠层的乔灌草群落主要应用于盐碱土地段、以樟子松和白榆等为林冠层的乔灌草群落主要应用于风沙土地段，主要作用是减风减沙、降低污染和改善景观效果；互通立交桥的植被群落结构最复杂，通过乔灌花草结合、常绿与落叶植物结合，以及带状、块状和行状栽植相结合，最大限度地提升景观效果和防护作用，涉及的主要植物种类包括樟子松、圆柏、云杉、国槐、旱柳、绣线菊、榆叶梅、丁香、小冠花、紫穗槐、沙打旺、红瑞木等。

(3)人工植被建设始终以克服水分缺乏、风沙危害和盐碱胁迫等限制性因子的不利影响为核心，做好苗木质量控制、科学栽植和认真管理。其中，苗木质量控制除了注意生长性状和生理状态外，重点做好苗木体内水分的维护工作。栽植过程中，主要做好栽植地改良以提高造林效果，通过搭设障蔽防止风沙危害、铺设薄膜蓄水防盐、客土或生物改土提高土壤适耕性等。同时，结合树种特性和立地条件特征选择适宜的栽植技术和造林方式，如截干、插干、埋条、修剪以及深栽浅埋等。栽植后的管理以维持土壤和树体水分处于良好状态为重点，通过地面灌溉、树体喷洒增加水分输入，通过各种覆盖、喷洒药剂减少水分无效散失。此外，在整个施工过程中始终坚持业主、监理工程师和承包商的三级管理体系，坚持过程管理和目标管理，有力地保障了工程质量和进度。

(4)从成活与生长情况可以看出，本次绿化植物种类选择恰当、树种配置合理、栽植技术科学，除了新疆杨和漳河柳在干旱缺水地段成活率低于80%以外，其余树种的成活率均在90%以上，也未发现生长极其缓慢或提前开花结实等早衰现象。其中，选择可塑性较强的植物种类是成功的重要因素之一，即这些植物能够通过表型可塑性调节适应不同的资源供应水平，从而提高了人工植被建设效果。对沙棘、沙打旺、柠条和紫穗槐的研究表明：在较差的土壤水分条件下，种群将更多的生物量投资于地下构件的生长，从而形成较小的个体、稀疏的群落以及发达的根系以便加强对土壤水资源的获取，同时减小种内竞争；在较好的土壤水分条件下，种群将更多的生物量投资于地上构件的生长，从而形成高大的个体、茂密的群落以利于对生境空间的占据、利用和巩固。

(5)靖王高速公路人工植被建设已经取得明显成效，正在逐步发挥其多种功能。该公路人工植被建设自2003年冬季开始实施，绿化总面积475hm^2。如果从2004年起估算其效益，至2007年生态效益和经济效益替代值累计达29 747.25万元，其中生态效益累计价值为28 615.18万元、经济效益累计价值为 1 132.08 万元。在生态效益中,防风固沙和保土保肥效益所占比例最大,符合该地区风蚀和水蚀严重的特点,说明植物种类选择和群落设计科学合理。在经济效益中,林副产品所占比例最高,说明今后林副产品开发利用潜力很大。

本书在编写过程中得到了云南林学院及当地林业部门给予的技术支持和帮助,在此深表谢意。

目　录

第一章 绪 论

1.1 概述

大规模的道路建设极大地促进了经济的快速发展，同时也带来了对生态环境的干扰和破坏。为了修复道路对生态系统的割裂、道路施工对环境的破坏、道路交通对环境的干扰，就必须加强公路绿化工程的实施，高速公路尤其如此。所谓高速公路绿化是指在其用地范围内，以路为中心，通过相应的空间划分和绿化树木的合理配置对路体各部位实施草、灌、乔、花的定位栽植过程[1]。其中，涉及生态学、林学、园林学、草地草坪学、水土保持学、自然地理学等众多领域的原理和技术。因此，高速公路绿化不是一般意义上的栽树，而是一项“多学科、流线形、大斑块”以及欣赏价值很高的绿化、美化工程。然而，高速公路绿化的观赏价值以及绿化美化效果不如园林绿化，但明显高于常规的人工造林；在设计、施工和管理方面，与园林绿化相比具有一定的粗放性，与人工造林相比则具有更高的集约程度；从其作用上来看，它除了具有绿化、美化和引导交通作用外，还起着保持水土、防风固沙等作用；从面临的生境条件来看，与人工造林相比其生态系统受到了严重的干扰，与园林绿化相比却具有更好的整体性。由此可见，高速公路绿化实质上属于一种特殊的人工植被建设，既不同于园林绿化也不同于人工造林。另一方面，高速公路环境条件的特殊性决定了公路绿化的特殊性和多功能性。

高速公路的特殊环境条件，如风大严寒、高温干燥、温度变化剧烈、土壤条件差、施工剩余物多等，严重影响造林绿化效果。为此，不少专业人士对其进行了长期的研究，并取得了显著的成就。例如，根据高速公路不同地段的功能需要和立地条件特征，提出了不同地段或不同功能区的造林绿化模式和要求，为提高造林绿化效果提供了科学依据。与其他高速公路相比，靖王高速公路地处干旱、半干旱地区，其相应的地带性植被为草原或荒漠草原，并且途经沙地和盐碱滩地。因此，它的绿化除了面临前述困难以外，还必须克服水分匮乏、风沙危害、盐碱胁迫和植物种类稀少对人工植被建设的限制性作用。因此，该公路的人工植被建设不仅具有公路绿化普遍遇到的困难,同时具有自身的特殊困难,探索适合其环境特征的人工植被建设技术体系,不仅可以丰富公路人工植被建设的研究内容,而且可为干旱、半干旱地区高速公路绿化提供有益的借鉴。

另一方面,与绿化造林效果密切联系的是人工植被的效益评价,只有做好人工植被效益的评估,才能为人工植被建设的技术优化提供依据。但就目前而言,这方面的研究不多,而且其中单项研究多而综合研究少。以靖王高速公路的具体情况而言,由于其环境条件特殊而复杂多变,其效益不仅涉及交通功能,而且涉及水土保持、防风固沙等作用。因此,开展靖王高速公路人工植被效益评价研究,不仅可以填补该方面的空白或丰富其研究内容,而且可以为今后的功能优化和技术优化提供线索。

基于上述理由,陕西省公路局靖边至王圈梁高速公路项目管理处于2004年自立项目,专门探索靖王高速公路的人工植被建设技术和理论问题。其目的在于分析和建立适合靖王高速公路人工植被建设的技术体系,为同类地区高速公路人工植被建设提供参考,其中的研究内容涉及树种选择与配置、人工植被建设与管理、造林效果及主要树种的生态适应性。并在此基础上进行人工植被综合效益的评价,为今后的技术体系优化和功能系统优化提供基础依据。

1.2 高速公路人工植被建设研究概况

1.2.1 高速公路人工植被的功能

由于高速公路具有全封闭、全立交、高速、安全、舒适的特点,因此在高速公路上行驶势必感到单调乏味,易使驾乘人员产生精神上和视觉上的疲劳感。而协调、优美的高速公路绿化,既可以起到保持水土、稳固路基、防止边坡冲刷的目的,又可以达到改善沿线自然景观、调节驾乘人员视觉感的作用,使之在高速公路上高速、安全、舒适行驶的同时获得清新、活泼、和谐的感觉,增加了旅行的情趣、消除疲劳,从而减少交通事故发生。由此可见,高速公路绿化的功能涉及生态、社会和经济领域的诸多方面。

1.2.1.1 生态功能

(1)稳固路基,涵养水源

高速公路路基边坡是其用地范围内水土流失最为严重的部位,采用植物护坡可取得良好效果。根据测定,在17.8~49.6mm/天雨量范围内,43°斜坡上草坪盖度达70%时,即可有效地控制边坡的水土流失[2];采用红豆草60% +无芒雀麦20% +多年生黑麦草20%的混播组合方案进行护坡,可减少径流82.16%、减少冲刷90.11%[3]。因此,在公路路基边坡上种植乔木、灌木、草皮,具有固结土壤、防止径流冲刷的作用,从而使路基土不致流失与坍塌。尤其是乔、灌、草相结合,不仅可以减轻雨滴击溅和径流冲刷,而且能够吸持大量水分从而降低径流强度、延缓径流时间。其次,粗壮的乔木兼有挡土墙的作用,对陡坡地段的路基具有良好的稳固作用;在挖方路堑山坡的上坡方向以及隧道洞口坡面上,大量植树还可预防路堑和洞口积雪,保障山区公路冬季行车安全。此外,草皮具有过滤作用,可减少地表水的有害物质;植物的根系可吸收水中的重金属离子,对地表水具有一定的净化作用。

(2)保护路面,延缓老化

高速公路绿化还可以对公路起到保护作用,树木或草坪通过树冠、根系、地被覆盖等固着土壤、涵养水源、阻止或减少地表径流、降低雨水冲刷对路基造成的危害。在高边坡路段,这种作用更加明显。同时,树木在它的生命活动中,除了利用太阳的光和热以外,还可以吸收周围空气中的能量,草坪等植物的叶面积一般为地面面积的20倍左右,茂密的茎和叶通过蒸腾作用能使周围空气中的水分增加20%左右。因此,绿化后的环境比露天地区气温低5~6℃、湿度明显增大,且变化缓慢,可以形成特殊的小气候,这样可以调节路面温度与湿度,对防止和延缓路面老化起到一定的作用[4]。

(3)防止污染,改善环境

高速公路上行驶车辆产生的污染有噪声、粉尘、有害气体和二氧化碳等都会对环境造成影响,而植物对这些污染有很好的防止作用。其一,树木对声波有散解作用,当声波通过时,枝叶摆动使声波减弱而逐渐消失;树叶表面的气孔和粗糙的毛,就像电影院的多孔纤维吸音板一样把噪声吸收掉。当噪声的声波射到树木这堵"绿墙"上时,一部分被反射,一部分由于射向树叶的角度不同而产生散射,使声音减弱并趋向吸收,其音量一般可吸收1/4左右[5]。其二,树木可以吸滞和过滤粉尘。一方面,茂密的枝叶通过降低风速使气流中的大粒粉尘下降。另一方面,树木叶子表面粗糙不平、多绒毛,且能分泌粘性油脂或汁液,能吸收空气中的大量粉尘。研究表明,女贞、广玉兰和夹竹桃吸收粉尘的能力分别可达6.63g/m^2、7.1g/m^2、5.23g/m^2[6]。在3~4级风力下,裸地上空空气中粉尘含量为草地上空空气中的13倍[2]。其三,大多数植物能吸收臭氧、氨、铅等有害气体或化合物。根据测算,1kg卵穗苔草的叶片(干重)每月可吸收4.5kg的二氧化硫[2]。其四,植物的光合作用吸进二氧化碳、放出氧气,所有的树木花草都是二氧化碳的消耗者,也是氧气的天然制造厂。

(4)杀死细菌,保护健康

空气中散布着各种细菌,大多附着在灰尘上,是传播疾病的重要因素,植物可以减少空气中的细菌数量。一方面,植物通过减少空气中的灰尘数量从而减少了细菌。另一方面,树木本身具有杀菌作用。例如,1公顷的刺柏林每天能分泌出30kg的杀菌素,可以杀死白喉、肺结核、伤寒、痢疾等病菌,尤其是松树林、柏树林及香樟林灭菌能力较强。与没有树木的公路相比,有树木的公路每立方米空气中含菌量少85%[1]。所以,高速公路绿化对保护行人健康十分有益。

(5)降低风速,防止风沙

高速公路边坡进行生物防护,可有效地降低风速、防止风沙危害。在边坡栽植树木花草,增加地表植被覆盖度可以拦截、抬升部分气流,削减风的动能,可起到降低风速、防止风沙危害的作用。尤其是沙漠公路,绿化明显地减少了路面沙土堆积以及风沙对路基、路面的侵蚀。

1.2.1.2 社会功能

(1)改善交通条件,确保交通安全

高速公路绿化可以改善交通条件,为高速、安全行车提供保障。一是引导作用,通过视线诱导来指示驾驶员前进的方向。尤其是在一些走向不明了地段,可以使路线走向变得十分明显,有利于驾驶员的安全行车。二是防眩作用,白天树荫可以遮挡阳光,减少阳光对司机产生的眩光。最重要的是位于中央分隔带上的树木、矮篱等,可以有效地防止夜间对向来车所产生的眩光,防止由于眩目所产生的交通危险。三是调节明暗变化,尤其是在车辆驶入光线很差的隧道中时,由于人的眼睛不能立即适应明暗地变化,往往会产生短暂的视觉障碍,因此在隧道端口两侧种植一些树木,利用树荫来调节隧道内外的明暗强度,对行车安全十分有利。四是对车辆及驾驶员具有保护作用,车辆与路外物体发生碰撞时,道路两侧的树木可以有效地降低车辆及驾驶员受损害的程度。尤其是在山区等地形险要地段,行道树更成为保护生命财产的重要手段之一。

(2)美化路容,舒适旅行

在高速公路上行车速度快,如果沿线路段色彩单一、景观荒凉,司机及乘客就容易产生视觉疲劳。植树种草不仅美化了高速公路环境,又可以给司机、乘客创造一个良好的视觉立体空间,减轻视觉疲劳、舒适旅行。同时,高速公路绿化工程使公路变成由乔、灌、花、草立体覆盖的绿色长廊,变成一道亮丽的风景。当公路沿线有四季常青的树木以及点缀其间的各种花草时,可以产生与自然交融、气势壮观的感觉,给人们以优美、舒适地享受,使行人心情舒畅;树木、花草还使公路粉尘减少、噪声降低,从而改善环境,有益于人们的身心健康。此外,采用不同的绿化方式,可使驾乘人员在不同的地段享受不同的风光。例如,在高速公路的互通式立交范围内,以及服务区和停车场等休息场所,用绿化栽植做成各种几何图案、用小灌木丛代替围墙、用高大的乔木为人们提供遮阳纳凉场所,并适当种植具有观赏功能的树种和花卉,将给人以更多美的感受。在山区公路的挡墙、护坡类防护工程上,可利用坑(盆)栽爬山虎类藤蔓科植物或放置应时花卉,减少工程的单调感,达到美化环境的效果。

(3)宣传民俗,促进旅游

就像"槐树"是洪洞县的标志一样,在境内路段选择种植代表当地特色的树种,不但给行人以美感,而且可以起到宣传作用,促进当地旅游业的发展[7]。在公路通过的主要城镇、村落、公路交叉路口,以及服务区、停车场等场所,有意识地栽植具有特征形象的树木,将为这些场所提供明显的标志,可使人们对这些场所的景观有更深刻的印象。在公路通过有观赏、纪念意义的场所时,如果专门设置观景平台,通过栽植有观赏价值的树种和花卉,可使人们在旅行途中获得自然美的感受。在公路通过水库、池塘或沿河公路外侧时,选用高大树种作为绿化植物,不仅具有安全防护功能;而且使驾乘人员的视线通过树杆间隙观察远景,增加景观的层次感,从而加深对这些景观的印象。

1.2.1.3 经济功能

高速公路绿化可积累一定的木材,从而增加收益[8]。例如,常见的毛白杨可用作制造人工纤维、三合板等的原料。有些植物还可提供工业原料和其他多种林副产品,如香樟、乌桕、核桃、橄榄、油茶、油桐等种子可以榨油,杨槐、香樟、含笑、夜丁香、玫瑰、瑞香等提供香精原料,银杏、柿、枣、枇杷、枸杞、沙棘等果子可以供食用及制酒、制果酱、制罐头等原料,白榆、白杨、青桐、芦苇、竹类等可以提供造纸原料,杞柳、紫穗槐、白蜡等可以编筐,国槐、栾树、核桃提供工业燃料原料,柠条、沙打旺等的枝条是很好的牲畜饲料,绝大多数树木的根、叶、花、果、种子、树皮均可入药[1]。因此,有计划地对高速公路植物进行适当采伐不但可以修整树容,还可以带来可观的经济收入。

1.2.2 高速公路人工植被建设发展状况、存在的问题及前景展望

1.2.2.1 发展状况

世界上第一条高速公路建于 1932 年,由德国的波恩至科隆,全长

30km[9]。从20世纪50年代以来,高速公路建设在世界范围内得到了异常迅猛的发展,发达国家尤其如此。美国是高速公路最多、路网最发达、设施最完善的国家,从1937年在加州建成第一条高速公路以来,20世纪50年代至80年代,平均每年以3 000km的规模递增。其次是日本、荷兰、英国、德国、比利时和加拿大等国家,至20世纪80年代中期,全世界已有55个国家和地区拥有高速公路,总里程达 1.35×10^5km以上[10,11]。改革开放以来,我国交通事业也得到迅猛发展,尤其是高速公路建设发展极其迅速。高速公路的建设,已不仅仅单纯是一个交通运输的概念,而是集经济、政治、国防战略、商贸旅游和广告宣传为一体的综合国力的体现,在国民经济中发挥着重要的作用。同时,随着高速公路建设规模的进一步扩大以及公路交通条件的改善,大大促进了人们的物质、文化交流,加快了信息的传递,缩短了人们的时空观念,扩大了人们的活动范围。但是,人们在享受现代物质文明的同时,对公路建设和使用引起的水土流失、废气、噪声、烟尘等环境污染现象越来越重视。对公路建设的要求不再局限于其使用功能上,而是要求公路应与周围环境相协调,达到"安全畅通、舒适悦目、消除疲劳、保护环境"之目的,给人们一种"人在车中坐、车在画中行"的感觉。因此,在高速公路飞速发展的同时,与其配套的高速公路绿化等行业也发展了起来。

公路绿化在我国有着悠久的历史,早在公元前八、九世纪的周朝就有了"列树以表道,立碑石以守路"的记载,说明那个年代就对路旁植树有了认识。到了魏晋南北朝时期,公路植树已有"一里植一树、十里植三树、百里植五树"的绿化模式。延至清代,在通往新疆的路上——河西走廊栽植的"左公柳",更进一步证明路和树早就结下了不解之缘[12]。由此可见,有路必有树,树顺路而栽植,沿路而生长。2002年10月11日,国务院颁布的"关于进一步推进全国绿色通道建设的通知"中指出:"绿色通道建设是我国国土绿化的重要组成部分,主要任务是对公路、铁路、河渠、堤坝沿线进行绿化、美化"。"实施绿色通道工程,不仅能够保护公路、铁路、河渠、堤坝,改善沿线生态环境,全面推进全国城乡绿化美化向纵深发展,而且能够促进沿线地区农业结构调整,改善和优化沿线地区社会经济环境,加强社会主义物质文明和精神文明建设"。但是,绿色通道建设"要和公路、铁路、水利设施建设统筹规划并与工程建设同步设计、同步施工、同步验收"。同时,绿色通道建设"要优先抓好高速公路、铁路、国道、省道、重要堤坝沿线以及重点水库周边地区的绿化。新建、改建、扩建的道路、堤坝等沿线的绿化要和工程项目统筹规划,统一纳入工程概算,同步建设"。就我国而言,"全国绿色通道建设的目标是:到2005年,全国高速公路的60%、现有铁路、国道、河渠、堤坝实现绿化。到2010年,力争全国所有可绿化的公路、铁路、河渠、堤坝全面绿化,形成带、网、片、点相结合,层次多样、结构合理、功能完备的绿色长廊,使绿色通道与生态环境、城乡美化融为一体”。这些论述不仅对绿色通道建设提出了要求,同时指明了今后发展的方向。

关于高速公路的绿化,在工业化程度高、科学技术发达的国家,绿化工程已形成了专业化和网络化的格局,有专门的设计机构和专业化的施工队伍。在我国,凡已建成的高速公路都进行了一定的绿化与美化,但至目前尚无规范可循,正处于研究探索阶段,各地程度不同地开展了有关的试验研究,但以单项研究居多。其中,陕西省于1996年开始设立专项,用3年时间对高速公路绿化进行了系统的研究。1996年,云南省昆明—曲靖高速公路开展了路堑、路堤、中央分隔带和立交区等的全面防护和绿化,并首次采用瑞士湿法喷播技术进行大规模的植被种植,为我国公路绿化技术的提高作出了有益的尝试。同年10月,交通部在昆明举办了“全国交通环保培训班”,为公路绿化尤其是喷播技术的宣传和推广起到了积极的推动作用[13]。此后,昆明—玉溪高速公路、海南环岛高速公路、广西钦州—北海高速公路、江苏长江二桥连接线、沪宁高速公路,陕西铜川—黄陵高速公路、西藏青藏公路等地都开展了绿化工程,取得了良好的生态效益、社会效益和经济效益。从保护环境、改善景观和增强稳定性的角度出发,高速公路绿化已受到国内建设单位的普遍关注和重视。在工程建设过程中,许多单位就已开始作绿化工程设计,如河南商丘—开封高速公路、甘肃中川机场高速公路等。有的单位甚至在工程开工前,就开始进行绿化和景观工程设计,如广东惠州—河源高速公路在工程初步设计阶段就专门对绿化和景观进行系统的设计。近几年,我国公路绿化技术有了长足的进步,喷播等新技术已经在公路绿化中得到广泛应用。2000~2004年,陕西省组织完成了榆林—靖边高速公路的“沙漠高速公路边坡防护、防风固沙及养护技术研究”项目,取得了卓越的成就。此外,我国对于一些绿化难题如寒冷和积雪地区、岩石边坡和特殊土壤条件下的种植技术,也已着手进行研究。

1.2.2.2 存在的问题

我国高速公路绿化虽已取得了显著成就,但与美国等发达国家相比,绿化水平还有很大的差距,还未完全从“绿化造林”阶段演变到“尊重自然、恢复自然”的阶段。这种模式也导致了现有高速公路绿化的一些误区,尚且存在诸多问题。

(1)公路绿化没有统一区划,规划和设计不够规范

公路绿化与农业、林业、牧业等一样,是一种大自然条件下的生产,其区

划、规划和设计极其重要。但是,我国一般不进行全线的总体规划和统一设计,而是由各路段自行完成,更谈不上科学区划。因此,造成部分树种选择不当、绿化形式欠佳以及整体绿化不理想、不能很好地与高质量的道路工程相匹配等问题,未能起到相互衬托、相互辉映的作用。例如,沪宁高速公路无锡段的绿化改造正是这个原因。如果能够做好公路绿化的区划以及制订长、中、短期规划,并在其指导下进行设计、施工和管理,其中许多问题无疑会得到避免或解决。

(2)绿化植物种类单调,栽植形式缺乏整体性

目前,我国高速公路的绿化模式和植物种类选择来源于庭院绿化。但是,高速公路绿化既不同于庭院绿化也不同于城市绿化,其生长环境相对较差。因此,如果仅仅选择庭院或园林植物,其中许多种类适应能力差;如果仅仅选择适应性较强的造林树种,则又显得树种单调、季相色彩变化少。其次,种植形式格式化,绿化覆盖盲点多,点、线、面绿化没有做到有效结合,同一区段内的隔离带、路基边坡等的绿化缺乏整体性,变化频繁、杂乱无章。尤其是只对出入口的一小段路进行重点绿化,中途则实行降级处理,废弃物没有妥善处理,大面积的垃圾、窑坑等裸露地面没有及时恢复植被[14]。此外,植树多为单条稀疏形状、不成林带,难以抗风、抗噪,而且还有不少是浅根性、材质松软的速生树,容易被大风连根拔起或拦腰折断,对道路交通造成不良影响。

(3)绿化景观效果较差,而且难以持久

由于"强调短期效果、忽视长期效果",因此直接导致"一年绿、两年黄、三年枯、四年死"的现象时有发生。例如,很多公路花费了大量的人力和物力而没有达到较好的景观效果,或景观效果较为短暂、无法长久保持,或对生态自然景观重视不够,还有一些特殊地点(隧道口、取弃土场等)的景观效果较差。

(4)隔离带绿化效果较差,防眩问题突出

其一,隔离带绿化植物高度不合适,有些高度太低达不到防眩目的,而有些由于植物选择不当或养护不及时使其高度过高,与超车道高速行驶的车辆挤压产生侧向高气压从而威胁车辆平衡性,也对驾驶员的心理也会产生不利影响。其二,由于施工、事故救援或人为破坏等原因使隔离带植物遭到毁坏,而且养护不及时,导致部分中央分隔带植物发生断层,从而造成眩目。其三,关于绿化植物株距存在一个误区,认为株距小始终比株距大更安全,有些隔离带株距较小的高速公路,在双向行车道之间形成了一堵"绿墙",打破了高速公路景观的连续性,而且还影响了道路对横向通视的

要求。

(5)一些不恰当的措施导致水土流失严重,威胁路体稳定

有些植物种类成林速度慢,在初期不能从根本上防止水土流失;有些人工植被退化严重,后期导致水土流失。大量引用外来的植物品种,在低养护或无养护情况下,极易退化、死亡,“一年一大片、二年一条线、三年一点点、四年看不见”的现象比较普遍。如广东开平高速公路、云南玉元高速公路等,其边坡草本植物群落都呈现不同程度的退化迹象[15]。

(6)高速公路绿化存在重视觉,轻综合生态功能的倾向

由于忽视了生境的异质性、植物的适应性和多种植物的共生性,因此有些绿地基本上以种草为主,致使绿地总体生物量不足(草皮的生态效应只有乔木的1/10),不能最大限度地利用空间和时间发挥绿色植物的自然生产能力。从生态效益来看,现有高速公路不能从生态学理论的基础上考虑路域范围内的生态保护和生态恢复。许多高速公路的设计文件中都没有对生态保护进行专门设计,如大量采用的浆砌片石护坡及喷射水泥混凝土等防护方式完全破坏了植物生长环境,使得由于高速公路开挖而破坏的自然植被永久不能恢复。少数绿化设计往往只是局部贴草皮,没有对整个边坡植被的逐步恢复进行考虑;较多考虑路界内和近期的绿化效果,对整个路域范围内物种的逐步恢复和自然演替考虑较少。由于高速公路建设破坏后的生态恢复是个长期而艰巨的任务,时间上要历经高速公路建设和使用的所有阶段甚至更长,空间上所影响的范围也超出了路界,因此高速公路沿线的生态恢复应该有一个更大范围和更长时间的规划和设计,不能只重视视觉效果而轻视生态功能。

1.2.2.3　前景展望

针对上述问题,人们提出了今后高速公路绿化的发展方向,可概括为几个方面:一是尽可能增加公路绿色生物量,为净化大气、降低温室效应作贡献;二是建立植物枯枝落叶回收利用系统,有效利用资源;三是建立一种理念,努力为野生动植物创造新的生存空间,恢复其被破坏的生息场所,以建立人和动物、植物协调发展的生态环境;四是在高速公路总体设计中将绿化设计作为一个大头,并且设计要与生态原理相结合,遵循生态学规律,达到可持续发展;五是以“高技术、大科学”为指导思想,开展协同攻关和专题研究。因高速公路所具有的特点、综合性和专业性很强,由哪一个部门承担都有一定的局限性,又因地形、地质、气候等的差异不可能出现雷同的绿化模式,应顺应现代科技发展的动态和趋势,以“高技术、大科学”为指导思想,进行协同攻关、开展专题研究。公路绿化发展到今天,随着公路建设等级的

提高,公路绿化向功能服务、生态效益型的方向发展,讲究绿色覆盖、增强立体效果已成为公路绿化的主旋律。

1.2.3 高速公路人工植被建设的关键技术

高速公路的绿化美化是一项涉及面广、标准高、工作难度大的重要工作,它不同于一般平地上的绿化,具有很多明显的限制因素,主要包括:①立地类型复杂,土壤质地条件普遍较差;②路面吸收热量大,昼夜及季节温差变化显著;③空气干燥,水分蒸发快,导致干旱胁迫;④风速大,特别是车辆高速行驶中产生的空气流动,对绿化树木的影响非常明显;⑤汽车尾气污染较严重,对植物生长产生不利影响[7]。以上因素均不利于植物生长,给高速公路绿化造成了很大的困难,因此必须做到精心设计、认真施工、科学管理。以下从高速公路绿化工程的主要五个组成部分,分别叙述各实施环节的关键技术的研究进展情况[1,16-18]。

1.2.3.1 隔离带防眩绿化

隔离带是高速公路干道路面的重要设施带,主要功能是让车辆分道行驶、减轻夜间行车车灯眩光,从而保障高速行驶中车辆的安全。这个部位的绿化是高速公路最重要的绿化部分,又是评价路容、路貌最直观的因素。

(1)防眩措施

高速公路绿化的防眩措施,包括绿化防眩和工程防眩两种。因绿化防眩成本低、环保性能强,又具有独特的美化效果,国内外90%以上的高速公路均采用此法。但是,对于立地条件恶劣的地段则成本高、技术难度大,效果却不理想。

(2)适宜的绿化树种

树种选择要求四季常青、低矮缓生(高度以1.2~1.5m为宜)、抗逆性强(抗旱、抗病虫、抗污染、耐瘠薄)、耐粗放管理、树形(冠)整齐一致、色调美观等性状。目前,各地均以就地取材为原则,北方地区主要有柏树类(刺柏、侧柏、千头柏、翠兰柏)、冬青类(大叶黄杨、雀舌黄杨)和女贞类(小叶女贞、多头女贞、金叶女贞)等。同时,在防眩树之间等距离或不等距离点缀的花灌木主要有紫薇、紫荆、木槿、丁香、榆叶梅和各种蔷薇等。

(3)经济合理的防眩株距

根据实际使用的绿化树种,需要通过实地测定和理论推算,计算公式为:

$$x = R/\cos(180^\circ - \alpha - \beta)$$

其中,R 为冠径,α 为车灯照射角,β 为树木中心连线与隔离带垂直线之间的夹角。

(4)有效的栽植形式

目前,我国主要采取两类六种栽植形式。一类是全遮光式绿篱,包括单行不透光密植和双行三角状密植;另一类是半遮光散栽式,包括纵向单向等距离散栽式、集团簇状等距离散栽式、整形连续“Z”字形散栽式和整形不连续“//”字形散栽式。全遮光式绿篱式的特点是全封闭、不透光、绝对防眩,但造价高、上下车道不能通透,且影响路容路貌;半遮光散栽式的特点是造价合理、形式灵活多样,但技术要求较严格。如果综合考虑,在特殊路段因特殊需要可采用全遮光栽植,一般路段则以半遮光散栽式为宜。

(5)栽植多年生综合草坪

在隔离带的空间地表建植多年生综合草坪,要求90天后覆盖度≥90%,根茎以上距地表5cm处草层盖度不低于40%;所选草种以低矮和缓生的草本植物为主,北方暖温带地区的全年青绿期达250~300天。

1.2.3.2　*路基边坡防护绿化*

高速公路边坡绿化的主要目的是保护路面、稳固路基、减少水土流失、丰富公路景观,这一部分的绿化面积最大、功能最强。

(1)技术指标

种植多年生低矮型草坪植物,90天或翌年覆盖度达80%,根茎以上距地表5cm处草层盖度不低于30%;降雨强度≤4.42mm/h时,可减少径流量不小于82.6%、减少冲刷时不小于90.1%,全年青绿期达280天以上。

(2)树种选择

所选植物材料可以是草坪草,也可以是其他一些豆科植物和小灌木等。根据适地适树原则,选择根系发达、分生能力强、密度大的植物,直立生长缓慢或生长低矮的植物,和抗性强、耐瘠薄的植物。同时注意,根据高速公路所采用的排水方式选择绿化草种。

(3)草本植物与灌木合理搭配

大多数草本植物根系发达但分布相对较浅,雨季边坡易发生滑坡现象,即出现护坡不稳固的现象。为了避免这种情况的发生,边坡下部可适当栽种小灌木,以增加固坡能力。

(4)播种

试验表明,播种效果取决于播种量、播种方式和播种时间等。播种密度要求在兼顾群体发育的同时应强调培育个体壮苗,因而播种量应随之降低,为一般草坪播量的1/2~1/3。播种方式是混播优于单播,其中利用了不同物种的生态位分化和有益的种间关系。播种时间应选择在种子发芽及幼苗生长发育的最优阶段,冷季型草最好选择在晚夏或初秋以利于幼苗生长发育,同时也可避开杂草危害;暖季型草应选在雨季过后立即播种,营养繁殖时应选择在雨季进行。

(5)覆盖

覆盖可起到遮阴、降温、减少水分蒸发及减少土壤侵蚀的作用,在施工中覆盖是不容忽视的环节。小麦秸秆和水稻秸秆是最常用的覆盖材料,覆盖度以70%左右为宜,有条件的情况下也可选用工业产品作为覆盖材料。

1.2.3.3 平整带景观绿化

平整带位于路基边坡和防护栏之间,地势相对平坦、土壤条件较好,其主要作用是改善景观和生态防护。

(1)设计要求

做到"三个结合",即常青树与落叶树结合,有利于四季见绿,避免冬季一片枯黄;乔木和灌木结合,有利于美化路容路貌,更符合自然景观;乔、灌木与花木结合,有利于三季有花和旅游观光。

(2)技术指标

路基高矮不一,栽植的主要技术参数也各不相同。路基垂直高度在1m以内的株距为6m、主干高1.0~1.5m、树木高2.0~3.0m、树木冠幅1.5~2.0m;路基高1~3m内的株距为6m、主干高1.5~2.5m、树木高4.0~6.0m、树木冠幅2.5~4.0m;路基高3m以上的株距为8m、主干高2.5~3.0m、树木高5.0~8.0m、树木冠幅3.5~5.0m。

(3)不同路段的栽植绿化

在高路基段宜选用高大乔木实施绿化,但难度较大,树种选择严格,如垂柳+刺柏组合。低路基路段选用小乔木、高大灌木、花灌木结合的绿化方式,方法灵活多样,树种容易选择,如西临高速公路采用垂柳+冬青+黄玫瑰的组合、西铜高速公路的雪松+红花薇或野蔷薇的组合,效果都比较好。

1.2.3.4 立交区景观再造绿化

立交区的绿化是指互通立交匝道所环绕和分割而形成的数个面积大小不等、平面形状各异的独立区域的绿化。其主要绿化功能是丰富道路景观、诱导视线、减少水土流失、绿化美化环境。

(1)绿化形式

目前,立交区绿化主要有两种形式:一是开放或半开放式的公路园林景观绿化,游人可进入观光旅游或小憩散步,如首都机场、青岛环海高速公路的立交区;二是封闭式的大斑块流线形的环境绿化,如山西省的太旧高速公路,穿越太行山,是我国典型的一条山区高速公路,绝大多数的立交区不具备开放或半开放的园林式景观绿化条件。

(2)绿化类型

有园林式、古典式和随意式。园林式广泛应用于高速公路穿越市区、人口密集地区以及旅游线路上，符合高速公路旅游的特点。这种形式以首都机场高速公路的互通式立交区为代表，其内部有造型小品点缀以及乔、灌、花、草的配套，与园林景观类似。古典式以陕西的西宝高速公路为典型代表，全线路 10 座立交区的绿化设计和造型结构，大多与当地的历史或名胜古迹有关，以绿化植物组成的抽象的图案表达一种内涵和寓意。随意式是结合已有的地形地貌，从环境的统一协调入手，以不同的绿化方式适当点缀构成图案但无一定规则或格式，为一种景观式绿化。我国以这种形式的居多，特点是灵活多样、造型选景简单、就地取材、易于管护，还可降低成本。如陕西的西铜高速公路草滩立交，在大面积的圆形匝道环岛上全部建植高质量的草坪，中间按凸起的地形以常青矮灌木造景构成公路路徽图案，给人以美感和高速公路生机勃勃的印象。

1.2.3.5 服务区、收费站环境绿化

如果说高速公路其他部位的绿化是"行驶中观赏"，而服务区、收费站的绿化便是"停车后观赏"，这就决定了这部分只能以园林景观来绿化。通过空间划分和植物配置，以建筑物为主体，形成与周围环境相协调的一种风格。

(1)空间划分

应根据绿化对象的主要功能进行空间划分和植物布局。目前，国内高速公路的收费站和服务区正由单一功能向多功能方向发展，例如山东济青高速公路的济南收费站服务区，占地约 15hm^2，是集收费、修理、加油、餐饮、娱乐、旅游、住宿和广告业为一体的综合性大型服务区。这种多功能的性质与特点，决定了绿化空间的划分原则与标准。首先，根据功能划分绿化小区。然后，在小区内依建筑物的位置与风格及交通要求等要素再次划分与分隔，从而达到划分有序、疏密得体、布局合理、功能突出的现代园林景观的标准。

(2)植物配置

植物按需要配置，空间的划分即决定了植物的配置与栽植形式。目前，国内主要是在传统园林的基础上，结合现代园林的表现手法，以植物配置为主，并以亭和石的小品及广告点缀、草坪绿地和庭院花坛结合而成。

综上所述，根据不同地段的功能和立地特征，公路用地可划分为隔离带、路基边坡、平整带等几个主要部分，各个部分的绿化功能和绿化要求有

所不同。目前,在这方面的研究和实践已经取得显著成就。但是,关于特殊自然条件下,像靖王高速这样水分匮乏、风沙肆虐、盐碱危害等的公路绿化,亟须建立适合其环境特征的人工植被建设技术体系,从而优化其植物生态系统的整体功能。

1.3 靖王高速公路人工植被建设的环境背景

靖王高速公路东起陕西靖边县新农村、西止陕宁交界的定边县王圈梁,全长132.3km,是国道主干线(GZ35)青岛—银川陕西境内的重要一段,连接银川、太原、青岛等大中城市。整个路段位于毛乌素沙地南缘,是鄂尔多斯高原和黄土高原的过渡地带,地处东经107°15′~108°22′、北纬36°49′~37°53′;气候属中温带干旱、半干旱大陆性季风类型,特点是四季分明、光照充足、干旱、春秋季节风沙肆虐;地貌特征是沙丘起伏、沙带连绵,海拔1 303~1 418m;土壤以风沙土和盐碱土为主,沿线共通过盐碱地、固定和半固定沙地、流动沙丘地及黄土地四大地类;地带性植被属于半荒漠草原,其植物区系兼具沙生、旱生和盐碱植物以及中生草甸植物的种类成分[19-21]。由于靖王高速公路处于干旱、半干旱地区,且通过毛乌素沙地,因此全线干旱少雨、土壤沙化严重、植被覆盖率低、水土流失严重,生态系统十分脆弱,属于人工植被建设的困难地段。分析其生态环境的特殊性,可为人工植被建设的设计、施工和管理提供有益的参考依据。

1.3.1 水分匮乏

靖王高速公路沿线降水量小而蒸发量大,加之光热资源充沛、土壤持水性能差以及风多风大等因素造成水分严重散失,最终导致水分匮乏(图1-1)。统计表明,靖王高速公路沿线处于300mm和400mm等雨线之间,而且这些降水集中在7、8、9三个月,年均蒸发量2 000mm以上,蒸发量远远大于降水量,干燥度2.38~3.00。根据森林气候分区标准,该段公路沿线属于干旱中温带;根据自然区划标准,该段公路沿线属于半干旱地区。因此,相应的地带性植被为干草原和荒漠草原。其次,该区年均气温7.9℃,但10℃以上的年均积温达3000℃;年均日照时间长达2750h,日照百分率达62%。充沛的热量、强烈的光照,加速了土壤表面和植物体内水分的散失。此外,该地区以风沙土、盐碱土为主,土壤中沙粒含量大于粘粒、有机质含量仅0.55%,因此土壤可塑性差、结构疏松、漏水漏肥、风蚀严重、升温散热快,从而降低了水分的利用效率。所以,该地区的干旱发生频率很高[19,21]。

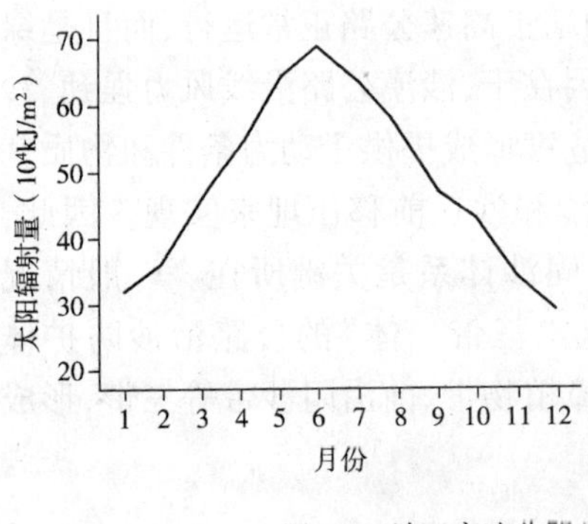

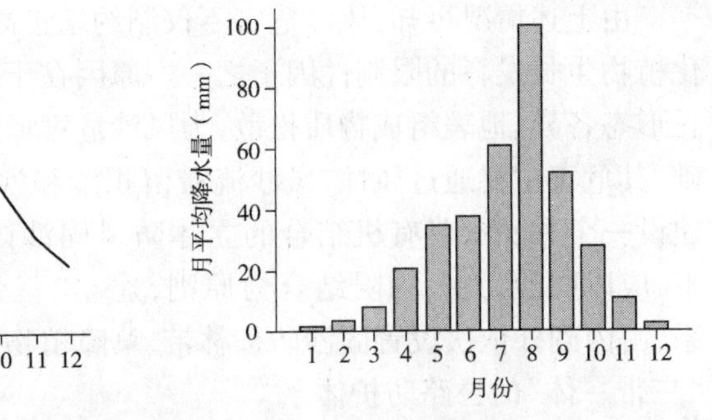

图 1-1　靖王高速公路月均太阳辐射量及降水量变化图

从以上水分特征分析可知，该地区所能承载的地带性植被为草原。要栽植树木就必须从两个方面考虑，一是在自然状态下利用其非地带的生境斑块，二是通过人工措施改善水分条件或通过调整群落结构以适应当地的水分环境容纳量。与这些地带性的环境条件相比，高速公路两侧还经过了严重扰动，加上高速路本身的某些特征，更不利植物的存活与生长。因此，只有研究出适合这些环境特征的系列栽植技术，才能确保人工植被建设的成效。实践证明，通过科学选择植物种类、改进栽植技术、改良土壤条件、实施节水灌溉等均可提高栽植效果[22-25]。

1.3.2　风沙肆虐

靖王高速公路位于毛乌素沙南缘，沿线通过固定和半固定沙地、流动沙丘地、盐碱地及黄土地四大地类。其中，风沙危害严重，它不仅造成风蚀和沙埋，而且加速了土壤和植物体内的水分散失。根据统计，该区年平均大风15.2天，月均风速3.2m/s，全年大风日数19.9天，年平均沙暴日数33天，多集中于春季（图1-2）。第一年10月到第二年5月西北风危害大，6～9月南、西南风多。在沙丘高度9～17m、沙丘密度135～193个/km^2时，风蚀程度在迎风坡脚达50cm[19,21]。

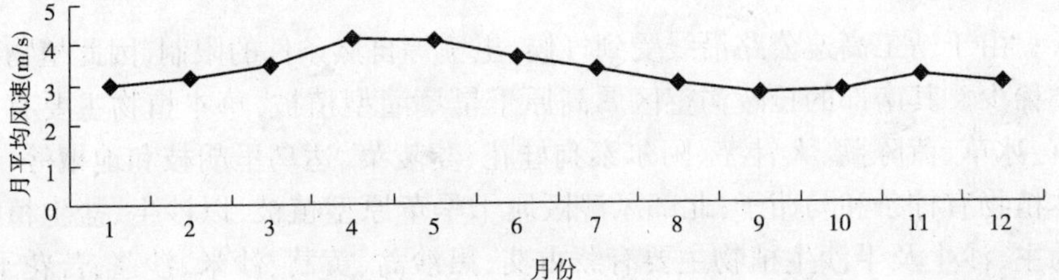

图 1-2　靖王高速公路月平均风速变化图

由上述情况可知，风沙危害不仅制约靖王高速公路正常运行，而且是绿化植物生长发育的限制性因子之一。原因在于，沙漠公路沿线风力强劲、沙丘形态各异、地表组成物质松散，为风沙危害形成提供了动力条件和物质基础，其危害主要通过风蚀、风沙流滞留积沙和沙丘前移压埋来实现。因此，建设一个乔、灌、草有机结合的立体防风固沙体系是关键所在。一般情况下，应以固沙为主、固阻结合为原则，建立“三带一体”的公路治沙防护体系，由内到外依次设置固沙防护林带、草障植物带、前沿阻沙带等三带，形成“三带一体”的公路防护体系[26-28]。

1.3.3 盐碱胁迫

在靖王高速公路沿线，土壤以风沙土和盐碱土为主，大部分土壤 pH 值在 8.8 以上。其中，盐碱土多处于地势低洼、排水不畅的地段，加之土壤水分的矿化度高、蒸发量大，对植物生长极为不利。究其原因，过多的盐分使土壤溶液渗透势提高造成植物吸水困难。严重时，还造成细胞组织的水分外渗，从而抑制植物的萌发与生长。例如，播种的植物种子不能吸涨萌发，而移栽的植物根系不能吸收水分使体内水分亏缺，甚至导致同化活动被抑制停止。一般情况下，土壤中盐分超过 1%，植物根系吸水困难、不能正常生长。公路植被恢复采用园林植物比较多，这些植物的耐盐碱能力更差。另一方面，过高的盐分对植物还有毒害作用。植物的正常生长发育需要一定的无机盐营养，但是当某种离子含量过剩时就形成离子不平衡的土壤溶液，从而发生单盐毒害造成死亡或生长异常。

受盐害的植株，其代谢活动减弱、生长缓慢、植株矮小，从形态上看类似干旱的影响[29]。因此，土壤盐碱危害必然降低绿化效果。但是，通过选择耐盐碱树种、改良土壤条件、改进栽植技术等都可以提高栽植效果[8,30]。

1.3.4 植物种类稀少

由于靖王高速公路沿线受到气候、土壤等自然条件的限制，因此植物种类稀少。其南部的丘陵沟壑区属高原干旱草灌型植被，草本植物主要有白草、冰草、茵陈蒿、大针茅、阿尔泰狗娃花、萎陵菜、达乌里胡枝和地椒等，木本植物有柠条和马茹子；北部风沙区属干旱草原型植被，以沙生、盐生植物为主，沙生及半沙生植物主要有蒙古艾、黑沙蒿、黄蒿、沙米、沙蓬、苦花子、白草、冰草、甘草、沙柳、踏郎等，盐生植物主要有盐蒿、骆驼蓬、席芨、红柳、白刺、沙枣等；西北部则有沙生针茅、戈壁针茅、白刺、甘草等组成荒漠草原植物。人工种植的树种主要有小叶杨、中国沙棘、河北杨、油松、樟子松、花棒、旱柳、沙柳、柽柳、柠条、紫穗槐、踏郎等[1-3]。

植物种类稀少,给高速绿化植物选择带来了极大的困难。而且,这些乡土植物种类只有很少种类可应用于公路绿化。为了克服这一困难,在坚持适地适树这一原则的前提下,兼顾绿化景观的长期和短期效果,将乡土植物和引种植物结合起来、将常绿植物和落叶植物结合起来、将乔灌草结合起来,以拓展绿化植物选择的范围[30]。

1.4 本项目的研究背景

1.4.1 目的和意义

绿化作为高速公路建设的主要内容之一,不但能稳固路基、保护路面、降低噪声、诱导视线、防风、防雪、防沙、防眩、防止水土流失,还能美化路容、降低驾乘人员旅途疲劳,给人以“人在车中坐、车在画中行”的美感,从而保证行车安全,在高速公路建设和安全隐患的预防中具有不可替代的作用[31-34]。然而,高速公路气候环境、土壤条件和地貌地形的特殊性,如风大严寒、高温干燥、温度变化剧烈、土壤质地差、石砾含量高、工程垃圾多、汽车尾气污染等,严重影响植物的成活和生长,使得高速公路绿化造林成效较低。因此,靖王高速路的绿化任务非常艰巨。

靖王高速公路位于毛乌素沙地南缘,气候属中温带干旱、半干旱大陆性季风类型,地带性植被属于干草原或荒漠草原,水分极度匮乏、风沙危害严重、土壤盐碱化程度很高,可供选择的植物种类稀少。面对这样特殊的环境条件,如何建立既有绿化美化价值,又有生态防护作用的人工植被?无疑,这样的问题不仅具有实用和示范价值,而且具有重要的理论意义。为此,本项目试图以主要植物的成活与生长情况为依据、以不同植物的生态适应对策研究为理论基础,分析总结其中的经验教训,提出适合靖王高速公路具体情况的人工植被建设技术体系,如树种选择与配置、栽植技术与工程管理等,并为同类地区高速公路人工植被建设提供借鉴。同时,依据不同植物群落的生产力为依据、以国内外公认的方法为参考,对其生态效益、经济效益和社会效益进行初步评估,期望丰富高速公路人工植被效益研究的内容或填补其中的空白,并为该公路人工植被建设技术和功能效益的进一步优化提供线索。

1.4.2 研究内容

针对高速公路人工植被建设普遍存在的问题和靖王高速的特殊环境背景,本项目以解决水分匮乏、盐碱胁迫、风沙危害等限制性因子为核心,从设计、施工、管理等不同环节开展研究,最终实现项目要求的总体目标,即建立靖王高速人工植被建设技术体系并对已建植被的功能效益进行评价。因此,其主要研究内容可以概括为以下几个方面。

(1)植物种类选择与配置

包括植物种类的选择原则、依据、结果,以及主要植物种类的配置原则、应用功能区和群落结构设计等,以平整带风沙土、盐碱土地段的植物种类选择和群落结构设计为重点。

(2)人工植被建设与管理

主要包括土地准备、苗木质量控制、栽植技术、管护技术等,其中以抗旱、减盐和防止风沙危害等的整地与栽植、苗木水分保护、栽植后的水分保存技术和工程管理措施等为重点。

(3)栽植效果及主要植物种类的生态适应性

包括主要植物种类的成活、生长情况以及主要植物种类的生态适应对策,其中以风沙土、盐碱土地段不同树种成活情况以及主要植物对土壤水分和土壤其他特性的生态适应对策为重点。

(4)人工植被效益评价及案例分析

包括公路两侧用地范围内人工植被的生态、经济、社会效益分析和替代值预估,重点放在生态和经济效益定量评价上。同时,以沙棘、柠条、紫穗槐和沙打旺等主要植物为例,进一步说明其生态和经济效益。

1.4.3 技术路线

靖王高速公路人工植被建设既有公路绿化的普遍问题,同时又有本身的特殊性。为了比较全面地反映其中的成果和问题,研究以全面调查和抽样调查相结合、以技术总结和理论研究相结合、以定性分析和定量分析相结合。具体说,总体技术路线可以概括为以下几个步骤:首先,在全面踏勘和文献调研的基础上,确定研究解决的重点问题。接着,全面调查人工植被建设技术与成效,抽样调查主要植物种群的成活、生长和生产力差异。最后,根据调查结果分析人工植被建设效果、探讨不同植物种类的生态适应对策、预估各种效益,同时总结成功的绿化造林技术。

通过上述研究和总结,期望达到如下目标:依据树种选择与配置、植被营造与管理调查成果，结合主要植物成活、生长及其生态适应对策研究结论，建立具有一定理论基础的技术体系，为同类地区高速公路人工植被建设提供借鉴；以人工群落生产力为依据，参考国内外成功的理论和方法，对人工植被的生态效益、经济效益和社会效益作出科学评估，为技术体系优化提供依据。反过来，技术体系的优化也必将提高系统的各种功能效益，最后达到技术体系和功能系统整体优化之目的（图 1-3）。

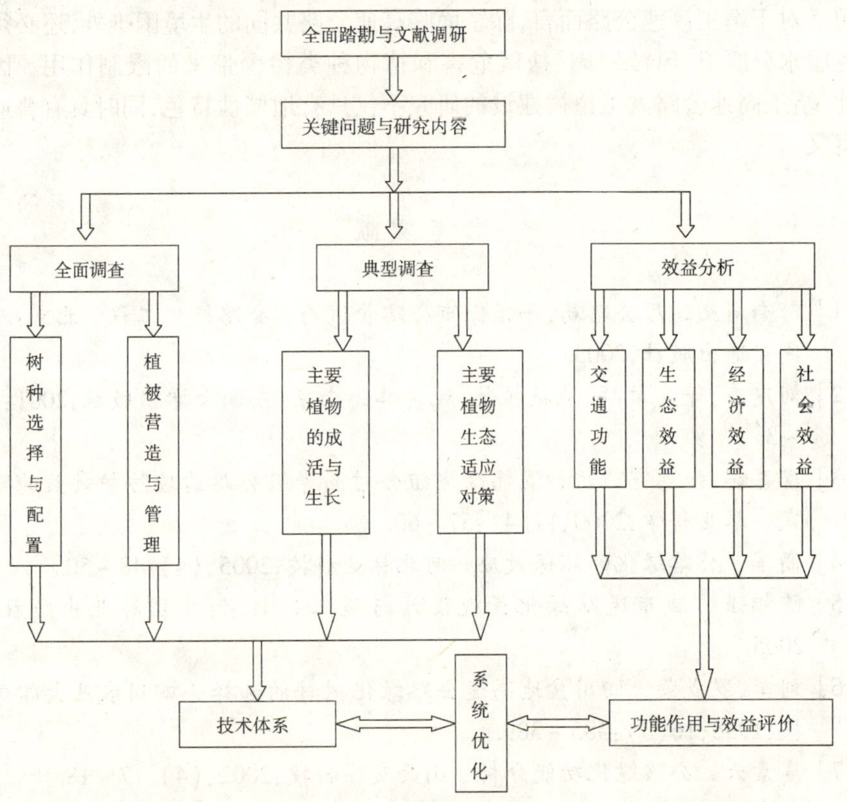

图 1-3　靖王高速公路人工植被建设试验与示范技术路线

本章小结

高速公路人工植被的作用多种多样，其中涉及生态、社会和经济等的不同领域。但是，对高速公路人工植被效益研究的报道至今却非常有限，而且单项研究多而综合研究少、定性描述多而定量分析少。因此，系统开展高速公路人工植被效益的探讨，不仅可以丰富其研究内容或填补其中的空白，而且能为高速公路人工植被建设技术体系和系统效益优化提供依据。

由于上述功能之间相互联系、相互影响,因此要使其得到最大的发挥,就必须从设计、施工和管理等不同角度对公路人工植被进行系统优化。为此,人们根据不同地段的功能需求和立地特征提出了人工植被建设的技术指标。但是,由于风大严寒、高温干燥、土壤条件差、工程剩余物多等不利因素的影响,高速公路人工植被的成活生长、景观效果与各种效益并不十分理想。对于靖王高速公路而言,除了面临高速公路共同的生境困难外,还必须克服水分匮乏、风沙肆虐、盐碱危害和植物种类稀少带来的限制作用。因此,靖王高速公路人工植被建设的研究不仅具有地域性特色,同时具有普遍意义。

参考文献

[1] 河南省交通厅公路局,平顶山市公路管理局. 公路绿化工程. 北京:人民交通出版社,2003.

[2] 刘建秀,等. 草坪、地被植物、观赏草. 南京:东南大学出版社,2001:1~3.

[3] 虞嘉宾,张惠霞. 几种混播绿化组合对高等级公路边坡防护效益的研究. 草业科学,2000,17(4):57~60.

[4] 高军. 公路绿化的环保效应. 河北林业科技,2005,(4):48~50.

[5] 陈相强. 城市道路绿化景观设计与施工. 北京:中国林业出版社,2005.

[6] 刘军,罗成荣. 四川盆地高速公路绿化树种的选择. 四川农业大学学报,1998,16(3):385~389.

[7] 虞素云. 公路绿化功能分析. 山西交通科技,2002,(4):17~18.

[8] 山东省交通厅公路处. 绿化. 北京:人民交通出版社,1973.

[9] 中国期刊网. 高速公路. 重型汽车,1997,(3):31.

[10] 常根柱,赵贵均,等. 我国北方高等级公路绿化工程系统理论初探. 国外畜牧学——草原与牧草,1998,(3):31~35.

[11] 王思成,兰剑,王宁. 高速公路边坡生物防护技术研究进展. 宁夏农学院学报,2003,24(2):76~81.

[12] 程维江. 生态型公路绿化的探讨. 公路,2005,(7):202~204.

[13] 陈济丁,杜娟,江玉林. 公路绿化综述. 交通环保,2002,(9):12~13.

[14] 张玉梅. 高速公路绿化中存在的问题及对策. 河北林业科技,2005,

(8).
[15] 赵迁乔,宋夫才. 我国高速公路绿化调查分析. 中外公路,2005,25(4):213~215.
[16] 杨茂仁,季蒙,崔清涛,等,北方地区高速公路绿化设计与工程技术研究[J]. 内蒙古林业科技,2003,(3):44~48.
[17] 陈金成. 高速公路生态绿化设计浅析. 河北林果研究,2006,21(3):350~353.
[18] 张少飞,张天成. 高速公路规划设计及栽培管理技术要点. 河北林业科技,2005,(4):1~4.
[19] 定边县农业区划委员会. 陕西省定边县农业资源调查和农业区划报告汇编. 榆林,1986.
[20] 榆林地区计划委员会. 榆林国土资源. 西安:西安地图出版社,1988.
[21] 榆林地区农业计划委员会. 陕西省榆林地区农业区划. 榆林,1987.
[22] 杨书祥,裴世保,刘龙,等. 干旱、半干旱地区公路绿化中抗旱技术. 交通环保,2000,21(3):23~25.
[23] 王泰霖,乔红军. 浅谈公路绿化常用的抗旱措施. 甘肃科技,2006,22(6):168~169.
[24] 李俊杰,黄畴,杨立煜. 节水灌溉技术在西部干旱地区高速公路绿化工程中的应用. 公路,2003,(2):121~126.
[25] 张湧,张淑娥,兰剑. 浅谈宁夏古王高速公路绿化. 交通环保,2003,24(3):15~17.
[26] 马建宁. 西北风沙干旱区公路绿化种植模式探讨. 宁夏农林科技,2006,(3):57~58.
[27] 景宏伟,田寅,丁宁. 沙漠高速公路路基植物防护技术[J]. 公路,2005,(1):190~194.
[28] 张淑娥. 干旱、半干旱荒漠地区生态公路建设. 交通环保,2003,24(增刊):144~148.
[29] 周存秀. 高速公路植被恢复理论与实践. 交通节能与环保,2006,(1):18~21.
[30] 葛斌,王菊梅,郭明. 宁夏银古高速公路绿化带背景树选择及造林技术. 宁夏农林科技,2005,(3):33~34.
[31] 邓静,赵春爱,周存秀. 平西高速公路的绿化材料选择及景观设计. 交通环保,2003,24(2):13~15.
[32] 卢振启,梁军伟,刘梅巧. 高速公路绿化工程施工管理. 河北林果研

究,2000,15(增刊):82~85.
[33] 禹忠耀,郭俊杰. 高速公路绿化管理初探. 广东公路交通,1997,51(增刊):130~133.
[34] 曹家仁. 高速公路绿化设计及养护管理初探. 辽宁林业科技,2000,1:41~42.

第二章　植物种类选择与配置

植物种类选择与配置是高速公路绿化总体设计的重要组成部分，它不仅要丰富驾乘人员沿途景观的视觉环境，避免视觉疲劳而造成的交通事故，而且还要改善公路两侧的生态环境，形成良好的景观生态体系，做到“四季有绿、三季有花”，使高速公路旅行由枯燥变成享受自然景观的过程[1,2]。由于高速公路两侧不同地段的环境差异较大，因此只有做到“因地制宜、适地适树”，才能更好地发挥绿化植被的多种功能。换而言之，绿化植物种类选择与配置是否恰当，直接关系到高速公路绿化工程的成败、绿化效果的快慢以及绿化效益能否充分发挥等问题。靖王高速公路自然环境特殊，绿化植物选择在考虑物种对其立地的适应潜力、防护功能和景观效果的同时，还必须考虑沿线干旱缺水、风沙危害和盐碱胁迫等不利因素。根据这些想法，提出了靖王高速公路绿化植物选择的具体原则和配置方式等技术要素。

2.1　植物种类选择的原则

2.1.1　适地适树原则

适地适树是指植物的生物、生态学特性与造林地的立地条件相适应，从而保证所选植物种类的正常生长，并在当前的经济技术条件下获得最大收益以及在一定程度上维持群落的长期稳定性，其途径主要包括选树适地、选地适树以及改地适树和改树适地[3,4]。对于高速公路绿化而言，工程实施时间短却要求见效快，因此选树适地或选地适树是最经济而有效的途径，改地适树或改树适地只能作为辅助手段。其中，改地适树主要反映在造林地整理和栽植技术上，而改树适地手段主要表现在利用现有的引种和育种成果方面。

根据以上分析，靖王高速公路绿化植物应该以选择为主。然而，靖王高速公路绿化植物的选择不仅具有一定的难度，同时拥有自身的特殊性。究其原因，它不仅面临风大严寒、高温干燥、土壤条件较差、环境污染严重等公路的普遍环境特征，还必须考虑水分匮乏、风沙肆虐、盐碱危害等不利因素。因此，选择的植物种类对干旱缺水、风蚀沙埋、盐碱胁迫应该具有一定的抵抗、忍耐或逃避能力。据此,选择的植物种类包括:具有一定抗旱或耐旱能力的沙棘、柠条、紫穗槐、白榆、国槐等,具有一定抵抗或忍耐风蚀沙埋能力的沙棘、沙柳等,具有一定抵抗或忍耐盐碱能力的柽柳、白榆等。但必须注意,其中许多植物种类兼具多方面的适应能力。例如,沙棘、沙柳不仅具有一定的抗旱或耐旱能力,同时具有一定的抵抗或忍耐风蚀沙埋能力。无疑,这些树种的采用必将提高整体植被对环境的适应能力和绿化效果。

2.1.2 植物特性与工程目的相适应原则

公路绿化不同于园林绿化或普通造林,不同地段或区域的植被均有不同的功能要求,因此在适地适树的前提下树种生物学和生态学特性还必须与工程目的相符合。对于靖王高速公路而言,其主要绿化区域包括路基边坡、平整带和互通立交桥等。

路基边坡植被的主要功能是防止土壤侵蚀,从而保持水土、稳固路基。其次,边坡植被还肩负绿化美化的作用。但是,由于路基边坡原有的植被已完全遭受破坏,原有的土壤也不复存在,回填时又大多采用保水保肥性差的沙石砾或建筑费料进行填充,许多植物种类尚难以适应如此不利的环境条件,因此所选择的植物种类应该有较强的适应性和改土肥土能力。同时,所选植物种类也不能对司乘人员的视觉带来不利影响。具体地说,路基边坡的绿化植物应选择灌木和草本,实施灌草花相结合。从植物的本身来讲,所选种类应具备适应性强、根系发达、生长迅速,以及分蘖能力强、树冠浓密等特性,以利于截流和蓄积降水、减少降水对地表的冲刷。据此,边坡绿化植物主要采用沙棘、柠条和沙打旺等。

平整带植被的功能以生态防护和绿化美化为主,尤其是减小噪声、减轻废气污染、遮荫、醒目以及减风减沙等作用。虽说平整带或多或少地保留了原来土壤的某些特性,但环境条件还是比普通造林差。对于靖王高速公路而言,沿途以风沙土和盐碱土为主,所选绿化植物必须具备较强的耐旱、耐碱、耐风蚀沙埋、耐瘠薄等特性。因此,根据靖王高速平整带的功能和环境特征,选择的植物种类包括乔木、灌木和草本植物,有些适合生长在土壤水分条件相对较好的盐碱滩地段、有些植物适合生长在土壤水分条件较差的风沙土地段。前者如柽柳、新疆杨等,后者如沙柳、白榆等。

互通立交桥植被的功能主要是生态防护和改善景观,如减风减沙、减轻污染、保护环境、增加景观多样性等。因此,其绿化植物选择必须做到"三个结合",即常青树与落叶树结合、乔木和灌木结合、乔灌草与花木结合,以提高防护功能和景观效果。但是,由于立交桥工程施工破土面大,加之特殊地形使其形成特殊的小气候环境，因此土壤条件差、温度变化剧烈，植物种类的选择受到了极大的限制。对于靖王高速公路而言，选择的常绿树种主要有樟子松、圆柏、臭柏等。

2.1.3 乡土植物为主的原则

靖王高速公路沿线环境条件恶劣，尤其是干旱缺水、风沙危害和盐碱胁迫等，严重制约着绿化植物种类的选择。因此，绿化植物的选择应该坚持以乡土种类为主、引进植物为辅的原则。由于乡土树种是在一个地区天然分布的树种，是在长期的系统演化过程中经过严格的自然选择的优胜者，它们与当地的气候、土壤相适应，具有适应性广、抗病虫害和抗逆能力强等特点[5-8]。而且，这些植物往往繁殖、栽培容易，就地取材既节省绿化经费又见效快，还能反映本地风貌。此外，大面积种植乡土植物不仅可以使公路绿化与自然生态系统相协调，而且还可以使公路绿化植被融于当地景观之中。正是基于这些理由，靖王高速公路绿化过程中选择了许多具有地方特色的乡土树种，主要有沙柳、柽柳、沙棘、柠条、枸杞、白榆、旱柳、国槐、沙枣。同时，为了改变大面积种植本地树种的单调感、增加绿化植被的多样性和稳定性、保证绿化效果的充分发挥，因此采用了一些经过长期驯化成功、已经适应本地环境条件的外来树种。其中，主要包括樟子松、沙打旺、新疆杨、紫穗槐等。

2.1.4 生态优先兼顾经济价值的原则

公路绿植物除了交通辅助作用和生态防护功能以外，许多植物种类还具有较高的经济价值，尤其是某些植物种类兼具多种用途。沙棘、紫穗槐、柠条和沙打旺等不仅是优良的“三料”植物，而且其提取物可作为食品、医药等的优良原材料或添加剂；沙柳、柽柳等，可作为纤维制品的优良原材料。因此，在同等条件下应该尽量采用经济价值较高，尤其是多用途树种以提高公路绿化植被的经济效益。尤其是在目前公路绿化植被养护不到位的情况下，增加经济收入无疑可以加强和提高公路绿化植被的养护力度，从而保证公路人工植被能够可持续地发挥其多种功能效益。对于这些植物的开发利用应根据其主要经济性状分类进行，如纤维植物、药用植物、化工原料植物等，并于当地产品加工业相适应，以便降低成本、提高收入。

2.2 主要植物的特性及其应用地段

根据以上原则，选择了靖王高速公路绿化的主要植物种类。根据适地适树和植物特性与工程目的相适应原则，可将这些植物种类分别安排在路基边坡、平整带和立交桥周边。其中，路基边坡主要种植中国沙棘、柠条、沙打旺和紫穗槐等根系发达、树冠浓密、固氮肥土、耐平茬的灌草植物，以防止土壤侵蚀、稳固路基、保护路面、绿化美化环境。同时，通过生物措施改良土壤，为加速自然生态系统的恢复创造条件。平整带主要种植新疆杨、旱柳、白榆、樟子松、漳河柳、沙枣、柽柳、紫穗槐、沙打旺等乔木、灌木和草本植物，实施乔、灌、草三结合，提高平整带植被的生态防护作用和景观效果。立交桥区域主要种植樟子松、圆柏、臭柏等常绿树种，以提高景观效果，同时充分发挥其生态防护功能。此外，根据靖王高速公路沿线的立地条件特征，可将其划分为风沙土、盐碱土等不同地段。在盐碱土路段，选用具有一定耐盐或抗盐能力、喜欢土壤湿润的植物种类，如柽柳、新疆杨、旱柳、漳河柳等；在风沙土路段，选择具有一定耐风蚀沙埋、耐旱或抗旱能力的植物种类，如沙柳、沙枣、白榆、紫穗槐等。

根据以上选择结果，将主要植物种类的生物学、生态学特性和应用地段列入表2-1、将其应用数量和面积列入表2-2，为植物种类选择的进一步优化提供参考。但必须指出，由于实施乔、灌、草相结合，绿化植物之间有一定的重叠，因此分别植物种类计算的绿化面积之和比实际绿化面积大。

靖王高速公路主要绿化植物的特性及其应用 表2-1

植物名称	学名	科名	生物学和生态学特性	主要用途	功能区或地段	功能与经济价值
樟子松	Pinus sylvestris var. mongolic	松科	喜光，适应性强，能耐 -40 ~ -50℃低温、抗旱、根系非常发达，可在风积沙土、砾质粗沙土、沙壤土、黑钙土、栗钙土、淋溶黑土、白浆土上生长。同时，对二氧化硫有中等的抗性，对松梢螟、松干蚧及松针锈病具有一定的抗性[9]，而且生长快	速生用材树种，也是防护林和“四旁”绿化的优良树种之一；树干通直，用途广泛；能在流动沙丘上种植，防风固沙作用显著，种植于高速公路有护路挡雪之功效	平整带的风沙土地段以及立交桥	减风减沙、降低污染、美化环境，同时可提供一定的木材

续上表

植物名称	学名	科名	生物学和生态学特性	主要用途	功能区或地段	功能与经济价值
新疆杨	Populus bolleana	杨柳科	喜光，耐寒、抗热、抗大气干旱、抗风能力强，能在盐碱地、戈壁沙地生长，并对叶部病害和烟尘具有一定的抗性。在抚育管理好的条件下，新疆杨生长健壮、病虫害少、成材早、寿命长	优美的风景树、行道树和居民院落绿化树种，可用于"四旁"绿化、农田防护林，也可作厂矿的绿化树种	平整带的盐碱土地段	减风减沙、降低污染、美化环境，同时可提供一定的木材
旱柳	Salix matsudana	杨柳科	比较耐寒、喜光不耐庇荫、喜湿润，在含盐量0.3%的轻度盐碱地上可以生长。正常条件下属于深根性，但侧根庞大发达、固着土壤能力强。枝干韧性较大、不易风折，生长快、分布广、繁殖容易、萌芽力强，不怕沙压。同时，抗有毒气体能力强	"四旁"绿化树种，营造用材林、防护林的优良树种之一，也是优良的观赏树种和行道树	平整带	减风减沙、降低污染、美化环境，同时可提供一定的木材
沙枣	Elaeagnus angustifolia	胡颓子科	喜光，生长迅速、繁殖容易、生命力强，具有适应风沙、干旱、盐碱、瘠薄等能力；根系浅但水平根系发达，根幅比冠幅大，根系具固氮根瘤菌；顶芽发育较弱、侧芽较强，萌发侧枝力强、枝叶稠密。因此，该树种抗沙埋和固沙能力强，而且枝干沙埋后能发不定根[10]	用途广，经济价值高。在我国西北荒漠、半荒漠地区被誉为沙荒、盐碱地的"宝树"，是"四旁"绿化和沙区营造防护林的重要树种	平整带	减风减沙，降低污染，美化环境

续上表

植物名称	学名	科名	生物学和生态学特性	主要用途	功能区或地段	功能与经济价值
白榆	Ulmus pumila	榆科	喜光，生长快、寿命长，耐寒、抗旱、耐盐碱能力较强；根系发达，具有强大的主根和侧根，因此抗风力强。同时，对烟和氟化氢等有毒气体的抗性也较强。但是，白榆不耐水湿	材质好，是“四旁”绿化、用材林、防护林和盐碱地造林的主要树种	平整带	减风减沙、降低污染、美化环境，同时可提供一定的木材
漳河柳		杨柳科	喜光，耐旱、中度喜温，速生丰产、树干通直、抗病抗虫、适应性强，耐盐碱、耐水湿，多年生	生态、材用树种，防风、水源涵养效果较好，也可用于景观绿化、建筑用材	平整带的盐碱土地段	减风减沙、降低污染、美化环境，同时可提供一定的木材
沙柳	Salix mongolica	杨柳科	喜光，耐寒、耐热、耐旱、喜湿，根系发达，故能忍受一定程度的风蚀，成丛的植株具有较强的抗风能力；繁殖容易、生长迅速、萌芽力强，固沙保土作用大、抗风蚀、耐沙压	抗风，固沙保土作用大，抗风蚀、耐沙压，是我国一些沙荒地和黄土丘陵地造林的好树种。枝叶可以作饲料和燃料	平整带的风沙土地段	除防护作用和绿化美化外，可作为纤维和编织品材料
紫穗槐	Amorpha fruticosa	蝶形花科	喜光、适应性很强，耐寒、耐旱、耐水湿、耐盐碱、耐瘠薄、抗烟和抗污染性强；萌芽力强，耐刈割；根系发达，有根瘤，能改良土壤；生长快，1年生枝条可达2.5m；对土壤要求不严，具有改良盐碱地、提高土壤肥力、保持水土等多重功效[11]	护坡、保土，防护林带的下木，叶可作绿肥和饲料，有“绿肥之王”的美称。枝条可作编制材料，也是蜜源植物，种子可榨油	边坡及平整带	稳定路基、减少水土流失、改良土壤、丰富公路景观，是优良的“三料”树种。可作编织材料

续上表

植物名称	学名	科名	生物学和生态学特性	主要用途	功能区或地段	功能与经济价值
沙棘	Hippophae rhamniodes	胡颓子科	喜光，对气候和土壤的适应性很强，抗风沙、严寒、耐大气干旱和高温，不畏酷暑；耐水湿和盐碱，也耐土壤瘠薄；生长较快，根系发达，根系是兼具深根性树种和浅根性树种根系特征的"复合型"根系，侧根（特别是一级侧根）在水平延伸过程中可产生大量不定芽，这些不定芽在第二个生长季萌发出土成苗，使其具有极强的串根萌蘖能力；枝叶稠密，萌芽力强，耐修剪	沙棘是优良的水土保持树种和"三料"（燃料、饲料、肥料）树种，在生态环境治理及农村经济发展中起着巨大的作用，被广泛应用于水土保持、防风固沙、治理础砂岩、防止红土泻溜以及矿区植被恢复等方面。也广泛用于医药、食品、饮料、化妆品等工业生产	边坡及平整带	保护路面、稳定路基、减少水土流失、恢复自然、改良土壤、丰富公路景观，同时可作为食品添加剂、医药原材料等
柠条	Caragana microphylla	蝶形花科	柠条分布范围广泛，喜光性强，抗旱耐寒、根系发达、分蘖力强（萌发能力强），对生长条件要求不高，极耐干旱瘠薄，无论荒山、沟壑、沙丘、沙滩、甚至岩石裸露的地方都能生长，我国西北的沙漠绿洲或黄土丘陵地区都有生长；防风蚀、保土性能强；具根瘤菌，能改良土壤；分枝稠密，沙埋后能产生不定根，固沙作用强	柠条广泛应用于水土保持、防风固沙，是枝条富含油脂，易燃耐烧；枝、叶既是很好的肥料，又是优良的饲料；枝干皮层厚，富含纤维，可以剥麻；柠条还耐高温，是"三北地区"固沙造林的优良树种之一	边坡及平整带	保护路面、稳定路基、减少水土流失、恢复自然、改良土壤、丰富公路景观

续上表

植物名称	学名	科名	生物学和生态学特性	主要用途	功能区或地段	功能与经济价值
柽柳	Tamarix chinensis	柽柳科	喜光、不耐庇荫，对气候条件的适应性广泛，对大气干旱及高温、低温均有一定的适应能力、抗风；对土壤要求不严，既能耐旱又耐水湿，耐盐碱能力尤为突出。生长快、寿命较大，根系发达、较深、萌蘖性强，耐沙割与沙埋	柽柳是优良的盐碱地造林树种，也能起到防风固沙作用。树体美观、适应性强、花期长，也适应于庭院绿化	平整带的盐碱土地段	保护路面、稳定路基、减少水土流失、恢复自然、改良土壤、丰富公路景观
枸杞	Lycium barbarum	茄科	枸杞喜光，在遮荫下虽然能生长，但是果实产量低。较耐寒、耐旱、耐盐碱，在黄土悬崖及沙荒地均能生长。萌蘖能力强，根系发达，枯枝落叶多，对改变土壤的物理性状和养分状况作用十分明显	名贵的中药材，适应性强，用途广，收益早。美容保健价值、食用价值以及药用价值极高。是优良的“三料”植物	平整带及边坡	除生态防护和丰富公路景观外，还是名贵中药材

靖王高速公路主要绿化植物数量统计　　表2-2

植物名称	学　名	种植数量	种植面积(m^2)
樟子松	Pinus sylvestris var. mongolic	128 763(株)	350 636
沙柳	Salix mongolica	629 625(株)	2 833 313
柽柳	Tamarix chinensis	417 748(株)	417 748
沙棘	Hippophae rhamniodes	1 303 840(穴)	322 715
紫穗槐	Amorpha fruticosa	2 431 248(穴)	424 101.3
柠条	Caragana microphylla	2 319 475(穴)	579 869
枸杞	Lycium barbarum	856 461(穴)	200 510
白榆	Ulmus pumila	52 683(株)	237 074
新疆杨	Populus bolleana	150 737(株)	678 317

续上表

植物名称	学　名	种植数量	种植面积(m^2)
漳河柳		73 415(株)	330 368
旱柳	Salix matsudana	30 818(株)	138 681
大新疆杨	Populus bolleana	30 118(株)	135 531
国槐	Sophora japonica	4 140(株)	18 630
沙打旺	Astragalus adsurgens	3 691 918(m^2)	3 691 918
沙枣	Elaeagnus angustifolia	279 923(株)	1 259 654
合计			11 619 065

2.3 植物配置

植物种类及其应用地段的选择,在个体水平体现了适地适树和植物特性与绿化工程目的相适应的原则。但植物个体最终将以群落的形式发挥其功能作用,因此群落结构设计尤为重要,它是植物种类选择的最终表现形式。其设计内容主要包括种类组成、水平结构和垂直结构等,通过这些参数的优化设计可以最大限度地实现适地适群落以及植物群落特征与工程目的相适应的原则。

生态适应性原则主要包括群落特征与立地条件相适应、群落内物种之间生态学特性相适应两个方面,最终目标是尽快形成群落环境并能长期维持群落的稳定性,从而保证群落功能尽早、持续地得到发挥。首先,由于不同功能区或同一功能区不同地段的立地条件不同,其相应的适生植物种类和环境承载能力必然存在差异,因此相应的群落特征必须与立地条件及其环境承载力相适应。例如,在风沙土地段和盐碱土地段,最明显的差异是植物种类组成不同。其次,为了维持群落的长期稳定性,必须使种间关系协调持久,尤其是尽量利用种间关系的正效应并尽量避免种间关系的负效应。具体地说,同一群落内部物种的生态位重叠程度比较合适时,才能维持群落的长期稳定性以及环境资源的充分利用。例如,乔灌草结合、深根性植物和浅根性植物结合、喜光植物和耐荫植物结合、速生和慢生植物结合,以及尽量利用种间化学关系的正效应,等等。此外,人工构建的植物群落应该与周边自然植物群落协调,为自然生态系统的恢复奠定基础,尤其是生态系统自然物质的复苏和物种多样性的恢复。

功能适应性原则主要指群落特征与不同功能区的功能要求相适应,尤其是交通辅助功能和景观功能，最终目标是使群落功能得到最大发挥。例如，路基边坡采用灌草群落，其中以沙棘、柠条、紫穗槐、枸杞与沙打旺混交为主，同时拥有少量的单优群落，在保证防护作用的前提下不影响驾乘人员视线和景观效果；平整带采用乔灌草结合的群落，主要作用是提高生态防护作用和景观效果，其中以新疆杨、旱柳和漳河柳等为林冠层的乔灌草群落主要应用于盐碱土地段、以樟子松和白榆等为林冠层的乔灌草群落主要应用于风沙土地段；互通立交桥的群落结构最复杂，通过乔灌花草结合、常绿与落叶植物结合，以及带状、块状和行状结合，最大限度地提升景观效果和防护作用。其中，涉及的植物种类包括樟子松、圆柏、云杉、国槐、旱柳、绣线菊、榆叶梅、丁香、小冠花、紫穗槐、沙打旺、红瑞木等，形成乔灌草、乔灌花以及灌草花相结合的美丽景观，清晰勾画出了立交桥的轮廓，从而烘托出它在景观中的重要作用。

除了上述原则以外，群落构建和树种选择一样，有必要考虑群落的经济价值。因此，在坚持上述原则的前提下，同等条件时应尽量考虑经济价值较高的植物种类，如沙棘和紫穗槐等[12-14]。

根据上述原则，提出了靖王高速公路不同功能区及同一功能区不同地段的绿化植物的群落特征，主要包括植物种类组成、混交方式、初植密度等（表2-3），其总体目标是形成“远高近低、远绿近美、远疏近密”以及乔、灌、草、花相结合的复层结构和美丽景观，以及高效、持续的人工植被系统。

靖王高速公路景观分区绿化配置 表2-3

位置	种类	植物群落特征要求	植物种类组成	混交方式	初植密度	绿化功能	环境特征
路基边坡	紫穗槐 沙打旺 柠条 沙棘 枸杞	群落由灌木和草本或灌木组成，根系发达、郁闭度大，耐平茬或刈割、再生能力强，耐干旱、耐土壤侵蚀和沙埋，最好具有根瘤菌、能改良土壤	Ⅰ. 紫穗槐×沙打旺 Ⅱ. 柠条×沙打旺 Ⅲ. 沙棘×沙打旺 Ⅳ. 枸杞×沙打旺 Ⅴ. 穗槐 Ⅵ. 柠条	带状 行状	灌木0.5 m×0.5 m 乔木2m×1.5m或2m×3 m	保护路面、稳定路基、减少水土流失，丰富公路景观，并为自然生态系统恢复创造条件	工程剩余物多、土壤条件差且易于遭受侵蚀，北坡土壤含水量高而南坡含水量低

续上表

位置	种类	植物群落特征要求	植物种类组成	混交方式	初植密度	绿化功能	环境特征
平整带	樟子松 漳河柳 新疆杨 旱柳 沙枣 白榆 紫穗槐 沙打旺 柽柳	群落由乔木、灌木、草本植物组成，垂直结构明显、种间关系协调，乔木要速生、郁闭成林快，灌木和草本植物耐平茬或刈割；某些群落适生于盐碱土，某些群落适生于风沙土，群落还要具有美学价值	Ⅰ. 白榆×柽柳×沙打旺 Ⅱ. 新疆杨×沙柳×沙打旺 Ⅲ. 旱柳×沙枣×沙打旺 Ⅳ. 樟子松×紫穗槐×沙打旺 Ⅴ. 漳河柳×紫穗槐×沙打旺 Ⅵ. 旱柳×沙枣 Ⅶ. 白榆×柽柳 Ⅷ. 漳河柳×紫穗槐	带状 行状	草本 0.3m×0.3m 灌木 1m×1 m 乔木 2m×1.5m 或 2m×3 m	以减风减沙、减小噪声和废气污染、遮荫、醒目等作用为主，同时具有绿化美化功能	风大、干旱，春秋季节风沙肆虐、冬季严寒，土壤以风沙土和盐碱土为主，土壤盐碱含量高
互通立交桥	油松 樟子松 圆柏 云杉 国槐 旱柳 绣线菊 榆叶梅 丁香 沙地柏 小冠花 紫穗槐 沙打旺 红瑞木 金丝柳	群落由乔木、灌木、草本植物组成，形成乔、灌、草、花相结合的复层结构，观叶植物和花果植物结合，花期、花色、叶色搭配合理，同时具有较强抗逆能力，部分植物耐修剪、发枝能力强，部分植物耐粗放管理	Ⅰ. 樟子松×圆柏×云杉×沙地柏×红瑞木×绣线菊×榆叶梅×金丝柳×小冠花×紫穗槐×沙打旺 Ⅱ. 油松×圆柏×云杉×旱柳×榆叶梅×丁香×红瑞木×沙地柏×小冠花×紫穗槐×沙打旺 Ⅲ. 油松×樟子松×圆柏×云杉×国槐×绣线菊×榆叶梅×红瑞木×丁香×沙地柏×小冠花×紫穗槐×沙打旺	块状 带状 行状 株间	草本 0.3m×0.3m 灌木 0.5m×0.5m 或1m×1m 乔木 2.0m×1.5m 或2m×3m；行道树株距5m 沙地柏 12株/m^2	绿化美化环境、增加景观多样性，防止水土流失、防止风沙危害、减少空气污染	风大、干旱，春秋季节风沙肆虐、冬季严寒，土壤受到严重破坏、种类以风沙土和盐碱土为主，小气候特征明显、温度变化剧烈

续上表

位置	种类	植物群落特征要求	植物种类组成	混交方式	初植密度	绿化功能	环境特征
环岛	石竹 侧柏 丁香 黄刺玫 江南槐 沙打旺 沙棘 圆柏球 连翘 圆柏 红叶小檗 臭柏 草坪 马蔺 柠条 紫穗槐	群落组成以灌木和草本植物为主，同时辅之以常绿小乔木，观叶树种和花果植物形成乔、灌、草相结合的复层结构，针叶、阔叶、灌木、草本植物合理配置，风景树、花灌木巧妙点缀，形成“A”、“B”、“D”、“井”字形字样	Ⅰ. 石竹×侧柏×丁香×黄刺玫 Ⅱ. 石竹×侧柏×江南槐×黄刺玫 Ⅲ. 沙打旺×沙棘×圆柏球×江南槐×黄刺玫 Ⅳ. 沙打旺×沙棘×圆柏球×黄刺玫 Ⅴ. 石竹×圆柏×连翘×黄刺玫 Ⅵ. 石竹×红叶小檗×臭柏×江南槐 Ⅶ. 紫穗槐×沙打旺×黄刺玫×江南槐 Ⅷ. 柠条×沙打旺×黄刺玫×江南槐 Ⅸ. 草坪×侧柏×黄刺玫×马蔺 Ⅹ. 石竹×侧柏×黄刺玫×马蔺 Ⅺ. 马蔺×沙打旺×黄刺玫×圆柏球×沙棘 Ⅻ. 石竹×红叶小檗×臭柏×圆柏球×黄刺玫	块状 带状 行状 株间	草本 0.3m×0.3m 灌木 0.5m×0.5m 或1m×1m 乔木 2m×1.5m 或2m×3m	为高速公路增加绿化地块的色彩和色调，美化景观。同时，大块面绿化能缓和阳光的辐射，减弱和消除驾乘人员的视觉疲劳，丰富了旅游资源	风大、干旱，春秋季节风沙肆虐、冬季严寒，土壤以风沙土和盐碱土为主，气温较高。

本章小结

植物种类选择和配置是公路绿化设计的关键，其中依据是否充分、参数合理与否关系到绿化植被生态功能和景观效果的发挥程度。本文在考虑公路生态环境的特殊性和靖王高速公路绿化的不利因素基础上，根据生态、功能适应性原则以及经济需要等，提出了靖王高速路绿化的植物种类、配置方式以及应用功能区或地段，并对其中涉及的许多相关问题进行了归纳总结，为植物种类选择和配置的进一步优化提供了理论依据，最终目标是建立“远高近低、远绿近美、远疏近密”以及乔、灌、草、花相结合的高效、持续的人工植被系统。

参考文献

[1] 邓靓宇．高速公路绿化功能与设计探讨[J]．中南林业调查规划，2003,22(3):32~34.

[2] 祝遵凌，芦建国，胡海波．高速公路绿化景观功能及其实现[J]．林业科技开发，2005,19(5):85~88.

[3] 孙时轩．造林学[M]．北京：中国林业出版社，1995.

[4] 沈国舫．森林培育学[M]．北京：中国林业出版社，2005.

[5] 李秀国．公路绿化植物的种类选择[J]．内蒙古公路与运输，2006,(2):52~53.

[6] 曾传荣．高速公路绿化树种选择[J]．湖南林业，2006,(9):8.

[7] 郭雅儒，毛富玲．北方高速公路绿化树种选择[J]．河北林业科技，2005,(4):45~46.

[8] 曲涛，徐瑞峰竺，黄福君．北方高速公路绿化树种的选择与利用[J]．中国林副特产，2004,(2):62~64.

[9] 中国树木志编委会．中国主要树种造林技术—上册[M]．北京：农业出版社，1979.

[10] 中国树木志编委会．中国主要树种造林技术—下册[M]．北京：农业出版社，1979.

[11] 韩恩贤．西北主要木本经济植物栽培与利用[M]．陕西杨凌：西北农林科技大学出版社，2004.

[12] 许慕农，等．沙棘茶的功效及炒制工艺[J]．中国水土保持，1989,

(3):44~46.
[13] 仲崇菊,等. 沙棘系列化妆品的疗效观察[A]. 国际沙棘学术交流会论文集[C]. 西安:国际沙棘学术交流会秘书处.1989.
[14] 王印川. 紫穗槐及其经济利用价值[J]. 山西水土保持科技,2003,(1):21~23.

第三章　人工植被建设与管理

与普通造林相比,高速公路绿化栽植具有自身的特殊性。而与一般高速公路绿化相比,靖王高速公路绿化栽植更具其特殊性,从栽植地准备、栽植技术选择到栽后管理,以及整个过程的工程管理,都必须围绕克服干旱缺水、风沙危害和盐碱胁迫为中心而展开,从而提高绿化效果和整个生态系统的多种功能用途。

3.1　人工植被建设技术

3.1.1　苗木质量控制

苗木质量是造林成败的关键因素之一,只有采用优质壮苗才能保证较高的成活率和苗木的正常生长。所谓优质是指苗木具有良好的遗传基础,而壮苗则指苗木生长发育健壮,同时拥有良好的生理状态。换而言之,苗木质量控制除了保证良好的遗传基础和生长状况以外,还必须保障苗木具有良好的生理状态。对于靖王高速公路而言,干旱缺水是苗木成活与生长的限制性因素。因此,除了遗传基础和生长状况外,苗木水分状态控制成为造林成败的关键。为了保障苗木的水分状态,必须在起苗、运输和栽植之前的各个环节防止水分的无效散失,并尽可能地提高苗木体内的水分含量。为此,建设单位、监理工程师和施工单位三方联合起来对苗木进行了严格的质量把关,尤其是开展了以保证苗木水分状态为核心的苗木质量控制工作,从而提高了种植成活率、保证了苗木的正常生长。

3.1.1.1　苗木来源控制

根据气候相似论等植物引种驯化理论,为了提高苗木对本地气候干旱和土壤缺水的适应能力,要求苗木主要来源于气候、土壤等自然条件比较相似的地区,如陕西、宁夏、内蒙等周边省区的干旱和半干旱地区,尤其是陕西的定边、靖边、榆林等接壤县市,为提高苗木成活率及正常生长奠定了物质基础。如果不得不远距离调运苗木时,除做好起苗、运输和栽植前的苗木保护工作外,还要在集中假植和水分胁迫条件下进行抗旱性锻炼以提高苗木的适应能力。

3.1.1.2 苗木生长发育状况控制

在实践中,衡量苗木质量的最直接指标就是生长状况,经常用粗度、高度以及根径比等作为标准。为了做好苗木生长状况的控制工作,根据国家苗木质量标准规定以及招标文件技术要求、绿化设计方案和补遗书规定的品种、规格,由技术人员到苗圃地选定苗木。选好苗木后,挂上合格标签,并注明品种、规格等内容即可等待起苗。对于圆柏、刺柏等大苗还要在树冠做好南北方向标记,保持原来的朝向以提高成活率。

3.1.1.3 苗木水分状态控制

维持苗木体内水分平衡是保证栽植成活与正常生长的前提,对于地处干旱、半干旱地区的靖王高速绿化尤其如此。为此,在起苗、运输和栽植之前,应该以保持苗木体内水分平衡为工作核心,既要提高苗木体内的水分含量水平,又要防止苗木体内水分的无效散失。其一,在起苗前适当灌水以提高苗木体内的水分含量水平,大苗还要带土球起运以保持正常的水分状态。其二,运输过程中要及时洒水、做好覆盖,注意协调温度和湿度之间的关系,温度过高必须及时掀开覆盖物降温,湿度不够要及时洒水。其三,苗木运到工地以后,做好洒水、遮荫等工作以保持苗木根部湿润。对于不能及时栽植的苗木,应该集中假植并做好水分管理工作。其四,通过苗木处理提高其含水量水平或减少水分散失。例如,截干、去梢、剪除枝叶、修根以及喷洒化学药剂、浸水、蘸泥浆、蘸吸水剂等,均可有效地提高栽植成活率。

3.1.2 栽植季节选择

苗木栽植的时间,一般选择在尽可能减少因移植而对新陈代谢活动产生不良影响以及有利于根系迅速恢复的季节。由于在掘起苗木过程中,不可避免地要损失大量的根系,从而引起吸水量的急剧减小,破坏了地上部分与根系之间的平衡。所以,栽植苗木时间应选择地上部分处于休眠状态或生长不旺盛的季节[1-3]。

根据上述原则,靖王高速公路绿化栽植时间选择在春季(3 月下旬至 4 月中旬)或秋季(11 月份)栽植,并以春季为主。一方面,由于春季土壤解冻可以提供较多的水分,加之气温不高、蒸腾强度较小,因此有利于提高植物对水分的吸收能力和利用效率。蒸散强度低还有利于降低土壤返盐程度,降低因土壤返盐对植物存活与生长造成的危害。此外,这时在土壤的深处还有冻层,可有效减少水分下渗。另一方面,这时苗木逐渐萌发生长,随着土壤水分增加和温度的逐渐上升,有利于苗木的成活与生长。所以,春季是该地区的栽植黄金季节。同时,在该地区也可以进行秋末栽植。这时,苗木进入休眠状态,本身的蒸腾强度极小。加之随着温度的降低,土壤蒸发越来越小,因此有利于苗木体内水分的保持。另一方面,冬季降雪还可以补充土壤水分,为来年萌发生长创造有利条件。

事实上,该地区夏季高温干燥,苗木蒸腾、土壤蒸发以及苗木生理活动都比较强烈,此时栽植常常因为失水干枯而死亡或生长受到严重抑制。冬季风大、严寒,不利于苗木存活。因此,冬季和夏季都不适宜作为栽植季节。

3.1.3 栽植地的准备

3.1.3.1 栽植地整理

(1)栽植地清理

栽植地清理主要是排除影响植物成活、生长以及栽植地整理的机械性障碍,如造林地茂盛的灌草植物、高速公路绿化地的施工剩余物以及石块等,使之适宜于挖穴、栽植、抚育管理以及有利于苗木的成活与生长。

(2)定点放线

高速公路绿化不同于普通造林,必须保证准确的种植点,才能做到横平竖直、整齐美观。因此,必须在栽植地整理以前放线打点,根据初植密度、种植点配置方式确定植树穴的位置,并对其中心点进行标记,以便施工。

(3)栽植穴的规格

栽植穴的规格和质量,对树木成活和生长有很大的影响。根据靖王高速绿化的环境特征,栽植穴的规格可以适当放大。一般情况下,乔木栽植穴规格一般为 80cm × 80cm × 80cm、花灌木为 60cm × 60cm × 60cm、一般灌木为 40cm × 40cm × 40cm。但是,如遇坚实土壤或建筑垃圾土应再加大规格,并挖松穴底土壤。在流沙地段还要搭设障蔽;在盐碱土地段,必要时还应进行客土。通过实施这些措施以改良栽植地条件,提高栽植效果。

3.1.3.2 栽植地改良

(1)搭设草障,防止风沙危害

靖王高速公路风沙危害严重,它不仅造成风蚀和沙埋,而且加速了土壤和植物体内的水分散失,是影响栽植效果的限制性因子之一。因此,在公路周边的流动沙丘和平缓流沙地以及平整带流沙地段搭设方格草障,可以有效减轻风蚀沙埋对苗木造成的不利影响,提高苗木成活率与生长量。方格草障规格为 1m × 1m,材料为植物秸秆。方格草障搭设后,在其中间挖掘栽植穴。为了使草障整齐一致、成行成线,首先在拟搭障地块上放好基线,然后按照基线开槽,将稻草均匀、足量、垂直摆放在开挖的沟槽上,再用铁锹等工具从稻草中间扎入沟槽中，扎入深度以地上留 20cm 为宜，并用脚在稻草两边踩实使稻草保持直立。

(2)客土改土，改善立地条件

由于道路施工的影响，公路两侧某些地段的土壤条件很差，如石砾含量高、施工剩余多或土体坚硬，这些均不利于施工和苗木成活生长。另一方面，靖王高速沿线盐碱土很多，也不利于苗木的成活与生长。因此，必须通过人工措施对这些地段进行改良。其中，最直接有效的方法是进行客土，将不利于植物生长的土壤用性状良好的土壤替代，这种方法适合于范围较小的地段；在涉及范围较大的情况下，可采用生物改良，即根据植物群落演替规律，首先栽植生长迅速、抗逆性强、具有固氮能力但寿命较短的先锋植物，待土壤性状得到改良后栽植寿命较长、适宜公路绿化的植物。对于盐碱土地段，除了客土外还可采用其他措施减轻返盐现象。其主要途径可归纳为三种：第一，将土壤提前挖出，让太阳暴晒或经过冻融交替使其迅速风化以避免反盐反碱现象。第二，将栽植地点整成较高的小丘后进行栽植，栽植时施入一些酸性有机肥料中和碱性，如厩肥、绿肥或枯草落叶等。第三，在局部地段挖掘排水沟，通过地面大水浇灌冲洗盐碱，使盐碱随水从排水沟中流走。

(3)铺设薄膜，蓄水防盐

面对靖王高速公路沿线干旱缺水、盐碱危害严重的实际情况，人们在某些地段采用地膜覆盖进行蓄水防盐。第一种方法是在栽植穴内铺设薄膜，使水分聚集在根系分布范围内，从而提高水分利用效率。第二种方法是栽植后在树体周围 0.5～1.0m 的范围内覆盖地膜或杂草，并在地膜或杂草上覆盖少量泥土，以减少土壤水分蒸发。显然，由于这两种方法均可减小土壤蒸发强度，因此可以有效地防止土壤返盐对植物造成的不利影响。所以，这两种方法不仅可以提高水分利用效率，而且能够减轻土壤返盐现象，是蓄水防盐的好措施。

3.1.4 栽植技术

3.1.4.1 栽植技术要点

对于靖王高速公路绿化而言，栽植时必须达到以下四点要求：其一，苗木栽植在穴的中点上并保持苗木端直，纵看、横看均成行，从而使苗木整齐美观以提高景观效果。其二，苗木可以适当深栽，以提高对地下水分的利用效率，一般要求深于苗木根径处原土痕 2～3cm 以上。其三，必须认真贯彻执行“三埋两踩一提苗”的原则，即回填熟土三次、前两次踩实、最后一次不踩,然后轻轻提苗保证根系舒展并与土壤密接,防止根系蹬空难以吸水而死亡。其四,栽植完成以后,在树体周围用土堆积盆形蓄水穴,以有效蓄积降水。

3.1.4.2 抗旱栽植技术

抗旱栽植的实质是有效利用现有的水分资源或加大水分输入力度,另一方面是有效减少水分的无效散失。因此,抗旱栽植技术主要通过以下途径实现。

(1)修剪

将要栽植的苗木进行适当修剪,不仅可以减少水分散失,同时能够刺激苗木萌发和生长,对于提高成活率和生长量具有积极作用。其主要方式包括:截干,如新疆杨、中槐等;截干修根,如旱柳、沙柳等。此外,还可采用修枝、去顶、修根等方式进行修剪。

(2)蘸根

在栽植前将苗木的根系放入清水、泥浆、磷肥、阿司匹林或ABT生根粉等溶液中浸蘸一下再栽植,随蘸随栽。将要栽植的苗木根系先在清水中浸泡2~3天或在泥浆里蘸一下再栽植,可以提高苗木根部的含水量、增强抗旱能力,适宜杨树、柳树等;苗木栽前用磷肥液蘸根能满足树木生长初期对养分的需要,使新根增多,从而扩大吸收范围、增强吸收能力。例如,采用过磷酸钙1.5kg、黄泥12.5kg、加水50kg的配方,搅拌均匀后取澄清液浸根;用浓度为0.05%的阿司匹林喷散树体或蘸根以关闭保卫细胞,减少水分蒸发的作用;起苗后浸蘸一次ABT生根粉,等运到栽植地点再浸蘸一次,可以补充外源激素与促进植物内源激素合成的功能,从而促进不定根形成、缩短生根时间,有时也能促使不定根原基爆发性生根。

(3)深栽浅埋

在土壤干旱层比较深的地方,将苗木根系直接深栽到土壤水分较充足的土层,无疑对苗木吸收和利用深层水分非常有利。浅埋以不超过树木原土印15cm为标准,这样就自然形成一个凹形坑槽,可以更好地蓄积雨水。这种方法适合于平整带的某些乔木树种,如新疆杨、旱柳、中槐等。

(4)带土栽植

对于某些价格较高的绿化树种或幼树、大树移植,要尽量带土栽植以减少根的暴露时间和程度。这种方法不仅能够保持根系完整,而且可以减少“水土不服”现象、增强适应能力,从而缩短缓苗期、显著提高成活率。

(5)地膜覆盖

应用地膜覆盖可以减少土壤蒸发、增加土壤温度,同时防止或减轻土壤返盐程度，有利苗木较早生根成活。其方法是将栽好后的苗木浇两遍水，然后用稍大于树坑周围 10cm 的地膜覆盖在整个树坑中，并用适量的土压住地膜以防被风刮走，这样可以持久保墒。当然，也可以在栽植穴内铺设薄膜达到同样目的。

(6)采用保水剂

栽植完成后，可将保水剂溶液浇灌在栽植穴内。或者，可将保水剂溶液在栽植过程中渗入大栽植穴内。保水剂在土壤水分充足时作用明显，但当土壤缺水时会发生反渗透，这种现象必须引起高度重视，否则会适得其反。

3.1.4.3　抗盐碱栽植技术

在靖王高速公路沿线，盐碱土大部分 pH 值在 8.8 以上。同时，盐碱土多处于地势低洼、排水不畅的地段，加之土壤水分的矿化度高、蒸发量大，对植物生长极为不利。因此，在盐碱滩地栽植时采取了一些措施来克服盐碱危害。例如，客土、高台栽植加施酸性肥料、引水排盐、提前挖出土壤暴晒等，这里不再赘述。另外，由于土中含盐碱物质，容易形成反盐使土壤表面板结而阻碍透气，因此除进行一般的抚育工作外，应该及时进行松土，松土深度较一般情况稍深 10～15cm。或者，小雨后应立即浇水一次(重盐碱区)将表土中溶解的盐碱冲去，待干后再进行松土，这对树木死亡和促进幼树生长有显著的功效。

3.1.4.4　防风固沙技术—搭设障蔽

搭设障蔽，可以有效防止或减轻风蚀和沙埋对植物成活与生长造成的危害。其中，最经济适用的是方格草障，在 3.1.3.2 节“栽植地改良”中已经介绍，这里不再赘述。

3.1.5　栽植方式

合理的栽植方式不仅可以发挥物种的繁殖和生长潜力，还可以充分利用栽植地的有利因素、避免不利因素，从而提高栽植成效。在靖王高速公路绿化中，根据具体的环境条件和树种特性，几乎全面采用了所有造林方式，如植苗造林、播种造林、截干造林、插干造林和埋条造林等，具有全面、创新、注重个性化的意义。

3.1.5.1　植苗造林

植苗造林以苗木作为种植材料，幼林生长快、郁闭早，可以尽快发挥绿化造林的各种功能作用。同时，由于植苗造林适用于绝大多树种和各种立地条件，特别是植苗造林几乎不受树种的限制，在干旱、水土流失严重、动物危害严重的地方比播种造林成功的把握性更大。因此，植苗造林是靖王高速公路绿化栽植的主要方式，白榆、沙枣、柠条、沙棘等许多树种均采用植苗造林，取得了良好的栽植效果。

3.1.5.2 播种造林

由于播种造林是将种子直接播入土壤之中，幼苗出土后就在造林地上生长，因此对造林地的气候、土壤条件具有较强的适应能力。其次，幼苗不再需要移栽，可以避免起苗、运输对根系造成的损伤，有利于形成分布自然、舒展、完整的根系。此外，由于同一穴内播入大量的种子，可以发生多株幼苗形成小群体，有利于增强植物对外界环境不良因素的抵抗能力，并可为选留生长健壮的植株、淘汰低劣个体创造条件。因此，播种造林是靖王高速公路绿化草本植物的首选造林方式，如沙打旺、紫花苜蓿等均采用播种造林，不仅获得了良好的造林效果，而且节约了大量的造林经费。

3.1.5.3 截干造林

截干造林是将茎干和粗的主枝、骨干枝截掉，然后进行栽植的造林方式。由于截干除去了大量的枝条和叶片，因此大大减少了树体的水分蒸散，同时也降低了苗木的生理活动，这对于减少苗木体内水分的无效散失起到至关重要的作用，是解决靖王高速公路沿线干旱缺水困难的有效途径。而且，截干还可以刺激植物萌发和生长，因而常常用于萌发能力较强的树种，如新疆杨就采用该造林方式。

3.1.5.4 插干造林

插干造林是将树干或大树粗枝直接插入土壤进行造林的栽植方式，它与截干造林的相同之处是可以有效减少树体水分蒸散，不同之处在于栽植材料没有根系。因此，这种方法适合于生根和萌枝能力极强的树种，如旱柳、沙柳等。其可贵之处是无需在苗圃地培育苗木，而且造林材料来源极其丰富，因此造林成本低。

3.1.5.5 埋条造林

沙柳、柽柳采用埋条造林，方法是选择生长健壮的1~2年生枝条，然后将其平埋或斜埋于土壤之中，并使其与土壤紧密接触，适时浇水以促进不定根和地上部分的生长发育。由此可见，这种方法在减少树体水分散失方面更加优于截干和插干造林。而且，造林材料来源同样广泛，造林成本更低。

3.1.5.6 带土球移植

樟子松、圆柏等采用带土球移植，即通过栽植携带土球的苗木进行造林。带土球移植对于保护苗木的根系，特别是侧根和须根起到关键的作用。此外，由于带土球移植苗木携带了苗圃地的肥沃土壤，不仅减少了“水土不服”现象，而且还可缩短缓苗期、明显提高造林成活率和苗木生长量，有利于尽快恢复苗木的树形和长势，从而达到理想的绿化效果。但是，这种方法造林成本高，仅用于名贵苗木或大树移植。

以上内容着重阐述了靖王高速公路绿化栽植的主要技术环节及其特殊性，为了进一步规范绿化栽植过程，将主要技术参数列入表3-1，作为栽植施工的依据。

各种植物栽植施工技术参数 表3-1

植物名称	栽植季节	栽植材料	栽植方式	栽植穴规格(cm)	株行距或行距(m)	浇水时间
樟子松	春季	实生幼树	带土球移栽	60×60×60	2×3	座水栽植 栽后浇水
新疆杨	春季	无性繁殖苗	栽杆造林	80×80×80	2×3	栽后浇水
漳河柳	春季	无性繁殖苗	植苗造林	80×80×80	2×3	座水栽植 栽后浇水
旱柳	春季	树干或枝条	插干造林	80×80×80	2×3	栽后浇水
白榆	春季	实生苗	植苗造林	80×80×80	2×3	栽后浇水
沙枣	春季	实生苗	植苗造林	80×80×80	2×3	栽后浇水
沙柳	春季 秋季	枝条	压条造林	60×60×60	3	栽后及时浇水
柽柳	春季 秋季	枝条	压条造林	60×60×60	3	栽后浇水
紫穗槐	春季 秋季	实生苗	截杆造林	40×40×40	0.5×0.5或1×1	栽后浇水
枸杞	春季 秋季	实生苗	截杆造林	40×40×40	0.5×0.5或1×1	栽后浇水
柠条	春季	实生苗	植苗造林	40×40×40	0.5×0.5或1×1	栽后浇水
沙棘	春季	实生苗	植苗造林	40×40×40	0.5×0.5或1×1	栽后浇水

3.2 人工植被养护管理

养护管理是高速公路绿化的后续工作，也是发挥人工植被各种功能的关键环节。养护管理主要包括两方面的内容，一是"养护"，即根据树木生长需要和某些特定的要求，及时采取浇水、施肥、整形修枝、防治病虫害等技术措施，为树木的正常生长发育提供保障；二是"管理"，即对树木进行看管、维护、清除堆物堆料，以及防止机械和人畜损伤等。对于靖王高速公路绿化而言，维持土壤和树体良好的水分状态是养护管理的核心。管好水分，不仅可以防止干旱缺水对树木造成的危害，而且能够减轻土壤返盐对树木形成的胁迫。

3.2.1 水分管理

靖王高速公路沿线不仅降水稀少，而且风多风大、蒸散强烈，加之栽植基质蓄水保墒性能差，因此水分匮乏成为植物存活与生长的限制性因子。借鉴径流林业的埋论和技术，生产中主要抓好增加水分输入和减少水分散失（高效用水）两个关键环节，从而保证土壤和树体水分始终处于良好状态。

3.2.1.1　*增加水分输入*

增加水分输入主要通过地面灌溉和叶面喷洒来实现。一般树木的浇水可分为新植幼树期浇水、休眠期浇水和生长期浇水[2]。根据靖王高速公路沿线水热特征的季节性变化和树木生长发育规律，浇水主要抓好定根水、生长水和封冻水。树木栽植以后要立即浇灌定根水，以保证树木顺利成活；在生长高峰期应及时浇灌生长水，以保证树木在夏季高温干旱时期对水分的大量需求，从而促使树木充分发挥其生长潜力；在冬季来临之前浇灌封冻水，它不仅可以提高地温使树木顺利度过严寒季节，而且可在春季“生理干旱”时期提供充分的水分，从而保证树木的正常萌发和生长。

进行地面浇灌或叶面喷水时，必须注意以下几个问题：第一，为了防止井水因含盐量高对树木造成的生理危害，用水应来源于河流。第二，灌溉和喷水应该在 11 点以前及 16 点以后进行，避开高温和大风时段以便提高水分利用效率，并避免灌水（喷水）使树体急剧降温带来的不利影响。第三，为了降低造林成本和节约用水，根据当地树木的耗水情况，灌水（喷水）每 3～5 天进行 1 次。

3.2.1.2　*防止水分散失*

为了达到高效用水，不仅要使水分最大限度地蓄积在树木根系分布层，而且应尽量减少水分的无效散失，其主要途径包括铺设地膜和树体遮荫。为此，主要采用了一下措施：第一，在树穴内铺设塑料薄膜使水分聚集在根系分布范围内，提高水分利用效率。第二，栽植后在树体周围 0.5～1.0m 的范围内覆盖地膜或杂草，并在地膜或杂草上覆盖少量泥土，以减少土壤水分蒸发。第三，干旱季节可在叶面喷洒阿斯匹林与白糖的混合液等，减少植物的蒸腾。第四，使树木处于“冬穿棉袄夏穿纱”状态，即冬季用草包裹树体、夏季用遮阳网保护树体，防止失水、高温和低温对树木造成的危害，保证树木成活与生长。

对于靖王高速公路这种水分蒸发大、盐碱危害严重的地区来说，有效的地表覆盖不仅可以减少土壤水分蒸发，还可以减轻土壤返盐对树木造成的危害。根据盐渍土“盐随水来、盐随水去”的规律，只要能控制土壤水分蒸发就可以减轻盐分在地表聚集。其中，覆盖材料除秸秆外，还有地膜等材料[4,5]。另一方面，树体遮荫也能有效地防止水分无效散失。一般情况下，选择30%透光率的遮阳网，便于让树体接受一定的散射光保证其光合作用，同时防止水分无效散失。此外，叶面喷水也是靖王高速公路上补充植物水分的一项重要措施。在早春及干旱季节，水分严重缺乏时进行叶面喷水可以使叶面的气孔直接接收水分，增加叶面的湿度和减少蒸腾，保证树木旺盛生长。

3.2.2 松土除草

及时松土、除草是保蓄土壤水分的有效方法，特别是在靖王高速公路这种干旱多风、盐碱胁迫的地区更应引起重视。由于松土切断了上、下土层之间的毛细管联系，减少水分物理蒸发，因此能够改善土壤的保水和透水能力，盐碱地还可减少春秋季节返碱时盐分在地表积累。除草可免除杂草对水分、养分等环境资源的竞争，对减少病虫害发生也具有重要作用。鉴于靖王高速公路沿线干旱缺水、盐碱危害以及土壤贫瘠的实际情况，主要在互通立交桥绿化区和平整带进行松土、除草，取得良好效果。

3.2.3 林地施肥

靖王高速公路沿线土壤普遍贫瘠，有机质含量低、缺磷少氮、氮磷比例失调[6]。所以增施肥料、注意氮磷配合，可以改善土壤结构、提高土壤供肥能力、改善树木营养状况。但是，靖王高速路绿化植物施肥仅限于互通立交桥绿化区以及某些大树移植，施肥范围和力度还有待加强。

3.2.4 病虫害防治

靖王高速公路绿化虽然栽植了30多个树（草）种，但由于其中绝大多数为乡土植物，因此目前尚未发现严重的病虫危害。今后如有发生，可参考有关文献进行防治[3,7]。

公路绿化人工植被的技术管理除了上述内容以外，还应抓好整形修剪和树体养护。由于这些工作与园林绿化基本相同，因此不再赘述。

3.3 人工植被建设的工程管理

当代的公路绿化不仅仅是绿化工作这么简单,而是提升到工程的高度来进行。与一般的公路绿化相比,高速公路绿化工程具有多重效应和综合效益,它要求有严密的设计、精心的施工和完善的管理。通过严密的设计,以最低的工程投入,获得最大的经济效益和生态效益;通过精心的施工和完善的管理,保证绿化种植成活率和绿化目标的实现[3,7]。而在整个公路绿化工程中,只有良好的管理才能保证工程的顺利进行。但是,高速公路绿化管理既不同于建筑类工程管理,它管理的对象是生物,更具有灵活性;也不同于林业工程管理,它不是在一般林地上造林,而是在线性的、立地条件恶劣的高速公路旁植树造林。因此,高速公路绿化管理对象更复杂多样、管理难度更大,所需投入的人力、物力也更多。

靖王高速公路绿化工程是国道主干线(GZ35)青岛—银川陕西省境内靖边至王圈梁段的绿化建设,工程区属内蒙古鄂尔多斯高原与黄土高原过渡地带,气候属温带干旱半干旱大陆性季风气候。绿化工程采用生物固沙措施、乔灌草混交、常绿树种与落叶树种搭配等措施,使公路投入运营后既能有一个优美的绿化环境又能使沿线的风沙得到治理,以防止风沙、降水毁坏路基路面。由于沿线植被稀少、风蚀、水土流失严重,造成绿化工程施工困难,因此更应该加强工程管理,用科学、高效、严制的管理来促进这条干旱半干旱地区沙漠高速公路绿化目标的实现。

靖王高速公路项目管理者的任务就是在限定的约束条件下,有效地组织人力、物力、财力计划实现阶段目标,保证总体目标的实现。为了实现绿化目标就必须建立工程项目管理组织,包括项目管理机构、管理制度以及明确各方面的关系及责任、权限和义务、组织各方面的工程服务等。靖王高速公路绿化工程管理实行业主、监理工程师和承包商组成的三级管理体系,建设单位(业主)进行建设管理,监理工程师进行监督、控制、管理、评价,施工单位(承包商)进行施工。

3.3.1 建设单位管理

靖王高速公路绿化工程的业主是陕西省公路局,是项目的投资者和发起人,也是项目建设成果资产(主要是固定资产)的管理者,与项目建设有最为密切的关系,对项目建设的全过程进行着科学、有效的管理,并组建了专门机构"靖王高速公路项目管理处"进行项目管理。它一统全线、运筹帷握、认真管理、协调关系、严格监管,确保了靖王高速公路绿化工程的顺利进行,并圆满完成了任务。管理的主要内容有以下几个方面:

3.3.1.1 工程前期管理

要实施好一项工程,前期准备和管理工作相当重要。靖王高速公路绿化工程前期管理的内容有:①确定靖王高速公路绿化项目建设意图,即对路线征用、管理土地范围内的沙漠化土地进行有效防治;对路线两侧 200 ~ 500m 范围内的沙丘地采取防风固沙措施处理;确保公路运营不受或少受沙害影响,达到安全运行;防止公路设计年限内产生沙暴自然灾害,营造一个快捷、优美的交通运输环境。②调查研究该条道路有关绿化的资料,如气象、地形、土壤、水分、植被和交通状况、路线经过村镇、沿途景观及人文状况、植物材料供应等,自然概况向靖边县、定边县政府文史办咨询取材。③划定道路绿化用地,进行工程勘察,确定路线走向、交叉、弯道及主要控制点等。

3.3.1.2 项目设计及施工招标

包括项目初步设计、施工图设计以及设计方案评选、项目审批和施工招投标、合同签订。主要内容包括:①组织或委托监理公司编制项目建议书和可行性研究报告,经专家论证评审和有关部门审查批准后,再通过招标择优选择设计单位或特邀选择设计单位,并以合同形式实施对设计进度、设计质量、设计费用的控制。设计分初步设计方案、初步设计和施工图设计 3 个过程。以各施工地段为单位,设计书内容主要包括苗木和草种的来源地点、树种规格、整地、造林方法、密度、抚育管护、机械工具、苗木供应、施工顺序、时间、劳力安排、用款计划以及病虫害防治等,并附上相关图表。②在"公开、公平、公正、诚信"的原则下,面向全国招投标择优选择施工单位,签订合同,对工程全过程进行合同管理。

3.3.1.3 工程施工管理

靖王高速公路绿化工程是一个庞大的系统工程,施工管理的成功与否直接影响着施工的质量。靖王高速公路项目管理处严格依照合同书及《工程建设指挥部工地规则》、《工程建设指挥部财务管理办法》、《工程质量管理办法》等制度、办法管理工程。对工程质量、工程进度、计划统计、工程资料、资金使用、安全生产、文明施工、现场管理、履行合同等方面进行严格的现场评定,使工程处于严格监控下。具体抓好以下几个方面的工作:①做好施工准备,其中包括:道路绿化用地的确定,以保证承包商如期开工;保证设计图纸的会审、报批、供应;协助承包商落实施工必须的水电供应、办公及材料场地、施工场地平整等开工条件准备;组织业主方供应的材料、设备;帮助承包商办理施工许可手续和其他必要的事项,如车辆进出市区、植物材料检疫过境、地下水使用等必要手续。②抓好施工工程管理,包括审查承包商提出的有关施工的设计方案,并提出修改意见;确认承包商选择的分包单位;审核承包商提交的工程量清单,按合同办理支付一定的工程价款,监督检查工程质量和工程进度,审核答复承包商提出的延长工期的请求;主持或参加主要现场施工会议,进行工作协调和决策;履行业主应负责的其他义务,如工伤事故、反索赔等。③维持好栽后养护管理。栽植只是完成了绿化施工的第一步,而栽后的养护管理,对苗木的成活和生长起着至关重要的作用。种植后全面开展养护管理工作,筹备必要的资金和组织保证、设置专职人员、制定具体养护措施并进行养护管理。依据树木生长需要和某些特定的要求,及时采取施肥、灌水、中耕除草、修剪整形、病虫害防治和人为养护等措施,防止人畜、机械损伤以提高绿化效果。

3.3.1.4 工程验收管理

检查验收分为日常检查验收和竣工验收。其一,为了确保绿化工程质量,业主在监理工程师日常检查的基础上,定期对承包人承包的合同段组织工程技术人员、监理工程师、承包人进行分阶段的检查验收。对检查验收时发现的问题,由监理工程师下达整改令,限期承包人进行整改。其二,施工过程完成时,业主会同设计单位和质量监理单位按总监理工程师提出的预验收方案对竣工项目预验收资料进行审查、对竣工工程进行预验收。竣工项目预验收通过后,由地方政府、业主和有关部门领导、专家组成验收委员会,对竣工工程进行整体竣工验收。在听取设计单位汇报设计情况及设计实施情况、施工单位汇报施工情况及自检情况、监理工程师汇报监理工作情况和预验收情况的基础上,对竣工验收技术资料及工程实物进行检查验收。然后,在广泛听取意见、认真讨论的基础上,统一提出竣工验收意见,办理竣工验收证书和验收签字仪式。竣工验收完成后,工程交付业主管理使用。

靖王高速公路绿化工程的验收由管理处、总监办、绿化监理工程师和施工单位共同组成验收小组,验收内容包括数量、成活率、密度、品种,验收范围为边坡、平整带、互通、分离式立交等设计文件规定的绿化项目和变更指令指定完成的绿化项目。验收方法是在边坡和平整带采用取机械抽样,即按照设计和变更,从每个种植项目开始按照每隔 300m 的距离设立一条工作线并布设标准样方进行项目调查,每个种植项目不得少于三条工作线,两个项目交界处必须设立并可共用一条工作线,工作线按垂直于边坡和平整带进行丈量布设,标准样方设在边坡中部和平整带中部,边坡样方为 $2 \times 2m^2$,平整带灌木和草的样方为 $2 \times 3m^2$,乔木样方为 $3 \times 10m^2$。其他地块的工程量按照设计和变更全面核定，标准样方采用随机法进行布设，样方面积相同。

3.3.1.5 档案管理

靖王高速公路项目管理处安排了专人进行档案管理工作，专门收集整理各类档案，将之分门别类、严密保存。其主要工作包括以下三个方面：①技术档案管理：技术档案是分析绿化工程项目、评价绿化成效、拟定经营措施的依据，要求以路段为单位建立技术档案。技术档案所收集整理的内容应包括施工设计图、竣工图、设计变更等文件图纸；施工记录、施工各阶段的验收资料及质量评定和工程决算；竣工验收单必须由验收部门和验收者填制，经签名盖章后有效。②合同管理：包括签订项目总承包合同、委托设计合同、施工总承包合同与专业分包合同，以及合同文件的准备、合同谈判修改、合同签订和合同执行过程中的管理等工作。③信息管理：明确所有参与项目的各单位以及本单位内部的信息机制，包括相互间信息传递的形式、时间和内容，确定信息采集和处理的方法及手段。

3.3.1.6 财务管理

本项目经陕西省人民政府批准修建，列入陕西省2003年交通基本建设计划，资金来源于交通部补助、省补投资和国内银行贷款。财务管理包括编制概预算、费用计划，对工程成本进行预测预控、核算，处理索赔和做出工程决算等。从勘测设计、施工建设等所有涉及建设资金的各项工作，全部实行合同管理，严格按合同条款执行、严格控制建设资金，杜绝一切合同外支出。在工程进度款的支付过程中，严格按招标文件的计量规则和支付条款进行。

3.3.2 绿化监理工程师管理

绿化监理工程师是受业主的委托，对工程建设项目全过程或部分阶段实施专业化管理。它是工程管理的核心层，与建设单位是平等的合同约定关系，依据监理合同中授予的权力行使职责，按照“严格监理、规范服务、秉公办事、一丝不苟”的原则，公正、独立地开展工作。在工程实施过程中，监理工程师通过有效的合同管理对工期、质量、费用、合同四大管理目标进行控制，由总监理工程师定期根据监理业务合同的业务范围向业主报告工程进展情况，并协调处理建设单位与承建单位在执行建设过程中发生的任何争议。其主要执行的任务有：

3.3.2.1 施工准备阶段

监理工程师对施工图实行管理、对施工组织设计进行审查、对工程拟采购的材料（如苗木）设备清单进行审查和认可，并对施工人员、设备及拟采用的施工技术方案进行监督审定。

3.3.2.2 施工阶段

监理工程师督促承建单位健全质量、安全保证体系,对工程质量进行监督检查,每一个分项工程以及分项工程中某些重要工序都要监督检查,确认合格后方能进行下一分项工程或下道工序施工。未经检查确认的,监理工程师有权拒绝在施工单位支付报表上签字。监理工程师对出现的质量问题通过实验验证、定期观察,视情况作出返工、重做或修补处理的决定。根据合同文件的规定,通过审查施工组织设计、施工技术方案和施工进度计划,督促、检查施工单位严格执行工程合同、控制工程变更、签署工程付款凭证、审查工程结算、提出竣工验收等过程对项目投资进行有效控制。同时,协助承建单位贯彻执行国家有关安全生产管理方面的方针政策和规定,建立和完善安全管理制度、检查制度、教育制度和例会制度等。

3.3.2.3 竣工预验收阶段

竣工预验收前,监理工程师编制竣工验收计划,整理、汇集各种经济与技术资料、拟定竣工验收条件、验收依据和验收必备技术资料。总监理工程师组织所有各专业工程师进行竣工预验收、审查总竣工验收资料,并通过直观检查、实测质量检查等方法,全面检查各分项工程。总监理工程师组织实施竣工验收工作,监理工程师会同验收委员会对隐蔽工程、分项工程、分部工程、单位工程进行验收。

3.3.3 施工单位管理

靖王高速公路绿化工程的施工单位有陕西三鼎园林部科技有限公司、西安市土门园林花卉工程有限公司、陕西绿通生态园艺有限责任公司、陕西省公路局西安苗圃、陕西创艺景观美化有限责任公司,分别完成 L1-L5 段公路绿化工程,并由陕西石光银治沙集团有限公司承担路界外防风固沙护路工程。在绿化工程实施过程中,所有施工单位均严格遵守规章制度,遵照合同认真施工,最终顺利完成了靖王高速公路的绿化工程,将靖王路美化成了一条风景如画的绿荫带。其中,施工单位在项目施工全过程管理的内容如下:

3.3.3.1 投标、签约

各承包商根据业主招标广告、投标邀请函或其他招标信息,考虑本单位的施工能力、按企业经营战略,对该工程项目提出投标决策,编制既能使企业盈利,又有竞争能力可望中标的投标书。中标后,依法签订工程承包合同。

3.3.3.2 组织、规划、目标

根据施工项目的组织原则,结合项目特点,建立项目经理部、财务部、技术部、后勤保障部、安全保卫部、材料供应部等，明确各管理机构责任、权限和义务。施工管理规划的内容有：分解工程项目，以便调配对应的施工技术组织和确定工程阶段控制目标；绘制施工项目管理工作体系图和施工项目管理工作信息流程图；编制施工管理规划文件并上报业主、监理方。以控制论原理和理论为指导，制定质量控制目标、成本控制目标、进度控制目标和安全控制目标等。

3.3.3.3 施工现场管理

结合其线形、开放性等的特点，合理调配人力、材料、机械设备、资金和技术诸生产要素。施工前组织项目部全体人员进行图纸技术交底，领会设计意图；建立符合项目施工特点的用工、分配制度，优化劳动组合，提高生产率；用科学的组织管理方法进行材料管理，合理节约使用材料降低材料成本；选择配备机械设备，提高施工机械水平和效率，对资金进行预测计划管理；绘制施工现场平面图，以便及时进行现场调度和管理，管理好施工现场，文明施工；做好施工记录、检查监督、经验分析总结；组织协调各种关系，包括人际关系、组织关系、供求关系和约束关系等；为了确保工程按进度进行，各承包人在施工期间按照规定的内容和时间向监理工程师填报工程进度表，在栽植和搭障蔽期间，每半个月上报一次，在其他时间每个月上报一次。

3.3.3.4 交工、竣工验收和工程结算

工程收尾阶进行实地测量，对照图纸逐一确认，对完成部分进行总结、评价；进行企业内部自检，提交工程竣工申请，在预验收基础上接受正式验收；验收合格后办理工程交接手续、明确工程缺陷、进行工程结算，并且结算清债权债务和劳动报酬、结束交易关系、清点机械物妥善收仓保管。

3.3.3.5 工程项目交工后服务

在交工验收后，按合同规定的责任期进行用后服务、回访和植物管理养护等服务，确保环保绿化工程的生态效益、环保效益、社会效益的发挥。为保证工程正常使用和发挥效益，对工程使用管理者进行必要的技术咨询和服务；回访工程使用单位，听取意见、观察使用中出现的问题、总结经验教训，进行必要的维护和维修；考察道路绿地沉陷、排水、植物保存率、综合效益问题，以积累经验提高类似工程项目施工能力。

本章小结

针对靖王高速公路沿线的特殊环境条件，本文从苗木质量控制、栽植地改良、栽植技术以及栽后管理等各个主要环节，全面论述了减轻干旱缺水、

风沙危害和盐碱胁迫对栽植效果不良影响的技术途径和方法。尤其是对抗旱节水栽植的探讨,不仅吸收了径流林业的某些技术与理论,而且其中的技术简便易行、成本较低。其次,绿化栽植中几乎采用了所有的造林方式。这些成果,为同类地区的公路绿化提供了有益的借鉴。另一方面,为了达到总体目标,对整个绿化工程实施业主、监理工程师和承包商三级管理体系,明确了其中的责、权、利,加强了监督、检查、验收等重要环节,从而保证了整个绿化工程的质量和进度。这一点,值得公路绿化工程和造林工程借鉴。

参考文献

[1] 陈健,宋韧钢,宋为民. 北方地区公路绿化最佳时间的选择[J]. 内蒙古公路与运输,2002,3:45~46.

[2] 赵宏生. 怎样绿化公路[M]. 北京:人民交通出版社,1998.

[3] 赵德龙,刘万共,赵凤良. 道路绿化[M]. 北京:人民交通出版社,2005.

[4] 刘宝华,赵向东,王永华. 简述高速公路绿化养护管理技术[J]. 山东林业科技,2005,(1):54-55.

[5] 周存秀. 高速公路植被恢复理论与实践[J]. 交通节能与环保,2006,(1):18-21.

[6] 榆林地区计划委员会. 榆林国土资源[M]. 西安:西安地图出版社,1988.

[7] 河南省交通厅公路局,平顶山市公路管理局. 公路绿化工程[M]. 北京:人民交通出版社,2003.

第四章　造林效果及主要植物的生态适应性

4.1　主要植物的成活与生长情况

植物的成活与生长不仅取决于自身的遗传基础，同时受到立地条件的制约。当植物的生物、生态学特性与立地条件适应时，它就会正常生长并顺利完成整个生活史；当植物的生物、生态学特性与立地条件不适应时，植物就以死亡或降低生长量做出反应，甚至通过提前结实尽快完成其生活史。因此，成活和生长情况是衡量植物对立地条件适应程度最直接的指标。基于这些理由，对同一标段不同树种或同一树种在不同标段的成活与生长情况进行比较分析，试图了解靖王高速绿化植物对公路两侧主要立地类型的适应性。

靖王高速公路地处干旱、半干旱地区，沿途又以风沙土和盐碱土为主。因此，它不但具有一般高速公路风大严寒、高温干燥、土壤条件差以及地形复杂多变等共性，而且面临水分匮乏、风沙危害、盐碱胁迫和植物种类稀少等特殊性，从而加大了该地区高速公路绿化植物选择与栽植成功的难度。因此，开展靖王高速绿化植物生长与成活情况的调查分析，不仅可以丰富公路绿化的研究内容，而且可为同类地区高速公路绿化植物选择提供借鉴。

4.1.1　研究方法

成活率调查采用机械抽样法，主要调查对象为路基边坡和平整带。调查时，每隔300m设立一条工作线并布设标准样方，每个种植项目不得少于三条工作线，两个项目交界处必须设立并可共用一条工作线。工作线垂直于边坡和平整带，标准样方设在边坡中部和平整带中部，边坡样方为$2\times2m^2$、平整带灌木和草的样方为$4\times4m^2$；平整带乔木以确定的公里桩号为起点，向前延伸100m进行每木检尺。根据调查结果，计算不同标段、不同植物种类的成活率。

生长量调查采用典型抽样法，即在全面踏查的基础上选择具有代表性的典型地段设置样地。调查时，以每个标段为单元，按植物种类、地形位置

(包括边坡和平整带)设立样地进行每木检尺,内容为个体成活情况、高度、地径、冠幅、新梢和分枝数量等生长性状。其中,灌木样地面积为 $20m^2$、草本样地面积为 4 m^2、乔木样地以公里桩号为起点向前延伸 100m 进行每木检尺。

4.1.2 结果与分析

4.1.2.1 路基边坡主要植物的成活率

由表 4-1 可见,路基边坡 5 种植物的成活率均超过 95%,造林效果良好。而且,同一标段不同物种成活率之间无明显差异,同一物种在不同标段的成活率亦无明显差异。由此表明,这 5 种绿化植物的成活率受边坡方向和部位的影响不明显,均能较好地适应靖王高速公路路基边坡的立地条件。

不同标段路基边坡主要植物成活率(%)调查　　表 4-1

物种	标段 L-1	标段 L-2	标段 L-3	标段 L-4	标段 L-5	均值
紫穗槐	95.5	95.6	97.9	95.2	99.1	96.7
柠条	96.4	96.3	95.2	96.4	98.9	96.6
沙打旺	96.1	95.2	95.4	95.5	98.1	96.1
沙棘	95.0	95.5	95.8	98.5	95.5	96.1
枸杞	95.1	95.8	95.2	95.3	95.8	95.4

4.1.2.2 平整带主要植物的成活率

由表 4-2 可见,除新疆杨、旱柳和漳河柳外,其余植物的成活率均较高。而且,紫穗槐、沙柳、沙打旺、沙枣、樟子松、国槐、白榆在不同标段的成活率无明显差异,但柽柳、新疆杨、旱柳和漳河柳在不同标段的成活率却存在明显差异。究其原因,柽柳、新疆杨和漳河柳在湿润的黄土地段成活好,尤其是下湿滩地,而在比较干燥的沙地成活不够理想;旱柳成活率低,主要是由于苗木保护不到位造成严重地水分散失。

不同标段平整带主要植物成活率(%)调查　　表 4-2

物种	标段 L-1	标段 L-2	标段 L-3	标段 L-4	标段 L-5	均值
紫穗槐	95.0	95.4	95.6	96.9	95.1	95.6
沙柳	96.2	95.2	95.0	95.1	96.6	95.6
沙打旺	95.8	96.0	96.8	93.0	93.8	95.1
沙枣	95.0	95.8	93.2	—	—	94.7
樟子松	100.0	95.6	93.9	89.4	93.8	94.5
国槐	94.1	91.6	93.1	93.9	91.1	92.8

续上表

物种	标段 L-1	标段 L-2	标段 L-3	标段 L-4	标段 L-5	均值
白榆	92.0	92.8	91.1	—	—	92.0
柽柳	91.4	96.1	92.6	82.7	87.8	90.1
新疆杨	80.7	89.3	81.3	67.8	88.9	81.6
旱柳	69.4	69.6	76.2	—	—	71.7
漳河柳	—	72.8	36.7	47.1	74.9	57.9

4.1.2.3 主要植物的生长情况

由表4-3可见,主要植物生长良好,生长量由大到小依次为乔木、小乔木和灌木,这是不同树种的遗传特性决定的。根据全面观察结果,未发现生长极其缓慢或提前开花结实等早衰现象。由此表明,所选植物均能较好地适应该地区高速公路路基边坡和平整带的立地条件。

主要物种生长状况　　表4-3

乔　木	平均高度(cm)	平均地径(cm)	平均冠幅(cm)
新疆杨	501.93	6.70	102.45
旱柳	342.93	6.78	176.16
漳河柳	298.24	3.63	148.90
国槐	276.00	3.87	95.05
白榆	211.33	2.18	121.87
沙柳	162.27	0.95	121.33
沙枣	171.40	1.84	88.02
柽柳	121.84	1.14	113.37
紫穗槐	101.08	0.88	86.34
沙棘	82.31	1.10	55.77
樟子松	81.63	2.36	50.98
柠条	44.01	0.49	34.07
沙打旺	51.69	0.37	31.38

4.1.3 小结

靖王高速不仅具有一般高速公路风大严寒、高温干燥、土壤条件差以及地形复杂多变等共性,而且面临水分匮乏、风沙危害、盐碱胁迫和植物种类稀少等特殊性，因此绿化植物选择难度大、栽植技术要求高。但从成活与生长情况来看，本次绿化所选择的植物种类均能较好地适应相应的立地条件，做到了适地适树和科学栽植，达到了造林绿化目标要求。除了少数树种，如新疆杨、旱柳和漳河柳成活情况较差外，其余植物的成活情况都比较理想，它们以乡土植物为主，同时包括经多年引种驯化成功的植物。其中，新疆杨和漳河柳成活率较低主要是由于立地条件不适宜造成，旱柳成活情况较差主要是由于苗木过度失水所致。由此表明，适地适树是栽植成功的前提，科学栽植和苗木保护是栽植成功的保障，任何一个环节的疏漏都将造成不良后果。

4.2 不同方向路基边坡中国沙棘种群生长特征及生态适应对策

4.2.1 引言

坡向是重要的地形因子，它通过坡面接受太阳辐射强度和辐射时间差异调节不同坡向的光照状况、土壤湿度、温度环境、土壤有机质含量等外界物理条件，进而对微气候环境、立地条件以及生态系统功能等产生重要影响[1-4]。大量研究表明，坡向对植物个体生长具有显著影响[5-9]。由于植物个体是种群的基本组成单位，因此坡向变化引起的个体生长差异最终导致森林生产力、结构及生物多样性等的改变[1,9]。显然，这些改变也必将体现在种群行为上，但目前的研究主要集中在坡向对植物生长性状的影响上，对生物量尤其是生物量或资源投资及其分配格局等生态适应对策的探讨较少。那么，植物种群生物量及其投资格局是否也如上述生长特征一样，对坡向差异同样做出响应以适应不同的环境条件？这样的探讨具有生态学意义和实际应用价值。

在我国北方干旱、半干旱地区，光照充足而水分匮乏，坡向变化对土壤水分差异起着决定性作用。对黄土高原地区的沙棘研究表明，坡向差异会影响个体的生长量和种群生产力[10]。然而，对种群生物量投资策略及其生态学意义并不清楚。为探讨这一问题，本文以中国沙棘（Hippophae rhamniodes L. subsp. sinensis）为材料、以地处毛乌素沙地南缘的靖王高速公路为对象、以路基南边坡和北边坡样地调查资料为依据开展研究，试图通过形态可塑性与生物量分配格局等的对比分析，揭示坡向对造林效果的影响以及植物种群对坡向差异（实质为土壤水分差异）的生态适应对策。

4.2.2 材料与方法

4.2.2.1 研究材料

中国沙棘(Hippophae rhamniodes L. subsp. sinensis)是胡颓子科沙棘属的小乔木或灌木,广泛分布于我国北部干旱、半干旱地区,不仅是优良的多用途树种(multiple purpose tree),也是典型的克隆植物(clonal plant)。它的侧根(萌蘖根)在水平延伸过程中能产生大量的根蘖苗,使其具有极强的克隆繁殖能力和空间拓展能力,可从丘间地扩散到沙丘顶部、从沟谷扩散到沟坡、从林内扩散到林外,从而形成"独木成林"之奇观,因此在我国北方干旱半干旱地区植被恢复和生态建设中发挥着重要作用[11]。

4.2.2.2 研究方法

(1)样地调查 样地选择采用典型抽样法。通过全面踏查,在具有代表性和典型性地段的路基南边坡和北边坡(坡向相对而其他立地条件一致)分别设置两块面积为2m×10m 的样带。然后,将样带划分为1m×2m 的格子样方(表4-4)。接着,逐一对格子样方进行每木检尺,测定树高、地径、冠幅,根据样地内植株数量推算种群密度。

中国沙棘种群样地概况 表4-4

样地编号	调查地点	海拔(m)	种群年龄(年)	样地面积(m^2)	坡向
1	定边县	1 449	3	2×10	S
2	定边县	1 449	3	2×10	S
3	定边县	1 449	3	2×10	N
4	定边县	1 449	3	2×10	N

(2)生物量测定

种群地上生物量测定采用平均标准木法,即根据每木检尺的平均值选择标准木,并伐倒对其干、枝、叶分别称重;种群地下生物量(包括水平延伸并产生萌蘖植株的肉质状萌蘖根以及与植株直接相连的垂直根系)测定采用全挖法,即将标准木所在格子样方内的地下部分全部挖出,分别对萌蘖根和垂直根进行称重。然后,将上述构件取一定数量的样品带回实验室烘至恒重,据此推算种群总生物量、各构件生物量($kg \cdot hm^{-2}$)干重及其分配比例(%)。其中,地上生物量根据标准木生物量和密度进行推算,地下生物量根据格子样方测定结果进行换算。

(3)土壤含水量测定

土壤含水量的测定采用烘箱法,取样深度为30~50cm(中国沙棘土壤水分强吸收层)[8]。每个坡向选择5个采样点,每个采样点重复取样三次。然后,将样品带回实验室烘至恒重求其含水量。测定结果表明,路基南边坡的土壤平均含水量为4.95%、北边坡为6.56%,两者之间存在显著差异($\rho<0.05$)。

4.2.3 研究结果

4.2.3.1 坡向对种群生长特征的影响

由表4-5可见,在样地1与样地2之间以及样地3与样地4之间,种群生长特征均无显著差异;样地3和样地4的种群生长特征丛内分枝数量、种群密度、种群盖度和种群基盖度(地径断面积之和)均显著高于样地1和样地2,而样地3和样地4的丛内分枝死亡率显著低于样地1和样地2。由此表明,坡向对种群的生长特征具有显著影响,北坡种群的生长量显著高于南坡种群,而丛内分枝死亡率显著低于南坡的种群,同一坡向种群之间的生长特征无显著差异。

中国沙棘种群生长特征　表4-5

样地编号	坡向	丛内分枝数量	丛内分枝死亡率(%)	种群密度($ind \cdot hm^{-2}$)	种群盖度(%)	种群基盖度($m^2 \cdot hm^{-2}$)
1	S	2.44a	38.56b	52 000a	40a	3.68 a
2	S	1.87a	22.73b	48 000a	35a	3.12a
3	N	1.19b	4.00a	84 000b	75b	9.88b
4	N	1.28b	8.00a	78 000b	85b	10.80 b

4.2.3.2 坡向对个体生长特征的影响

由图4-1可见,在样地1与样地2之间以及样地3与样地4之间,个体平均生长量指标均无显著差异;样地3和样地4的个体平均高度、平均地径和平均冠幅均显著高于样地1和样地2。由此表明,坡向对种群个体平均生长量有显著影响,具体表现为北坡种群的个体平均生长量显著高于南坡的种群,而同一坡向种群之间的个体平均生长量无显著差异。

4.2.3.3 坡向对种群生物量的影响

由表4-6可见,在样地1与样地2之间以及样地3与样地4之间,种群生物量以及构件生物量均无显著差异;样地3和样地4的种群生物量以及构件生物量均显著高于样地1和样地2。由此表明,坡向对种群生物量以及构件生物量具有显著影响,具体表现为北坡种群的生物量以及构件生物量显著高于南坡的种群,而同一坡向种群之间的种群生物量以及构件生物量无显著差异。

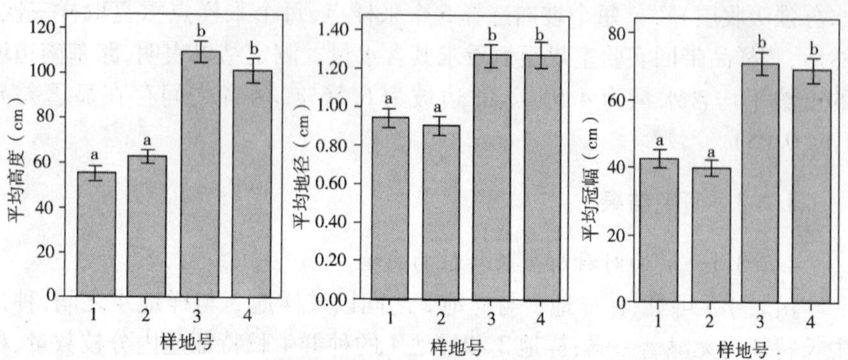

图4-1　中国沙棘种群个体生长特征

中国沙棘种群生物量　　表4-6

样地编号	种群生物量（kg · hm^{-2}）	生物量（kg · hm^{-2}）				
		树干	活枝	死枝	叶片	地下
1	574.86a	57.94a	53.66a	1.76a	40.83a	420.67a
2	411.59a	35.81a	33.77a	0.91a	27.63a	313.47a
3	8 322.04b	2 084.85b	1 681.07b	250.34b	728.55b	3 577.23b
4	6 684.64b	1 607.49b	1 306.97b	177.77b	585.84b	3 006.57b

4.2.3.4　坡向对种群生物量分配的影响

由于植物不同构件具有不同的生态功能，因此各构件生物量分配蕴涵着重要的生长调节和物质分配策略[12]。由表4-7可见，在样地1与样地2之间以及样地3与样地4之间，种群各构件生物量所占分配比例均无显著差异；样地3和样地4的地上部分及其构件生物量分配比例（除叶片外）均显著高于样地1和样地2，而地下生物量分配比却显著低于样地1和样地2。由此表明，坡向对构件生物量分配格局具有显著影响，北坡种群的地上部分及其构件生物量分配比例（除叶片外）显著高于南坡的种群，而地下生物量分配比例显著低于南坡的种群，而同一坡向种群之间的构件生物量分配无显著差异。由表4-7还可以看出，四块样地的叶片生物量分配比例无显著差异，说明中国沙棘种群叶片生物量投资策略与坡向的相关性不显著。

中国沙棘种群生物量分配　　表4-7

样地编号	生物量分配（%）					
	地上	树干	活枝	死枝	叶片	地下
1	26.82a	10.08a	9.33a	0.31a	7.10a	73.18b
2	23.84a	8.20a	8.19a	0.22a	9.93a	76.16b
3	57.02b	25.05b	20.20b	3.02b	8.75a	42.98a
4	55.02b	24.05b	19.55b	2.66b	8.76a	44.98a

4.2.4 结论与讨论

坡向的差异主要是接受日照时数的变化,这种差异常常导致太阳辐射强度、温度、土壤湿度等生态因子的变化,从而对气候、生物多样性、植被类型与生产力、土壤肥力以及生态系统功能等产生重要影响[5-7]。这种由坡向主导的小环境差异,必然引起不同生态适应对策的形成,即植物种群通过形态可塑性调节来适应不同的生境条件,这些差异主要表现在种群层次及个体层次,如个体生长特征、种群生物量及其分配投资策略等。本文的研究结果为上述观点提供了又一科学例证,并很好地回答了文中提出的问题:植物个体和种群生长特征、生物量及其投资对坡向差异做出了响应。具体说,同一坡向种群之间的个体生长指标、种群生长特征以及生物量投资格局等无显著差异,说明它们的形态可塑性和生态适应对策具有趋同性;而在南坡和北坡的种群之间,个体生长指标、种群生长特征以及生物量投资格局等有显著差异,说明它们的形态可塑性和生态适应对策具有趋异性。究其原因,土壤水分是干旱、半干旱地区影响植物生长的主导生态因子[8,13],坡向改变引起了土壤水分含量的差异,从而导致了中国沙棘形态可塑性和生态适应对策的改变。例如,阳坡个体矮小而阴坡个体相对高大,通过这种形态可塑性调节中国沙棘在生长和生存之间做出了权衡,以适应不同的环境条件;阳坡种群地下生物量投资高而阴坡种群地上生物量投资高,这是种群资源获取对策的体现。

在干旱、半干旱地区,由于土壤水分的限制,植物常形成了一系列水分生态适应对策,生物量分配格局就是其中重要方式之一。在路基北边坡(阴坡),土壤水分状况较好,中国沙棘种群将大部分生物量投资于地上构件的生长,地下与地上生物量的比例仅为0.78;在路基南边坡(阳坡),土壤水分状况较差,种群将大部分生物量投资于地下构件的生长,地下与地上生物量的比例高达2.96,为北坡种群的3.79倍。由此可见,不同坡向种群通过克隆生长(clonal growth)调节形成不同的生物量投资格局,以适应相应的土壤水分条件。在水分资源有效性较低的南坡,生物量投资比例地下高而地上低、种群数量少且个体矮小,因此可形成较长的萌蘖和发达的垂直根系,不仅扩大了对地下空间的占据和利用,而且能够降低因蒸腾作用引起的水分散失。这是克隆(母株以及根蘖植株连同其根系的总称)有效地逃避较为恶劣的生境斑块,同时获取资源的一种生态对策[14],是克隆对水分资源所表现出的一种觅养行为(foraging behavior)。在水分资源有效性较高的北坡,生物量投资比例地下低而地上高、种群数量多且个体相对高大,促进了植株高生长和叶面积的增大,从而使植株在垂直空间获取更多的光资源,并提高光合效率,这样有利于对已占据生境的巩固和利用,并提高克隆排斥其他植物种类侵入的能力[15-18]。在此应该强调,虽说北坡和南坡的叶片生物量投资比例没有显著差异,但北坡种群的叶片生物量总量显著高于南坡,因此其光合构件相对南坡明显发达。

研究还表明,坡向显著影响中国沙棘种群的生长特征。在种群年龄相同的条件下,北坡种群的密度、盖度、基盖度和丛内分枝数量均显著高于南坡的种群,而丛内分枝的死亡率显著低于南坡的种群。由此表明,水分条件较好的北坡更有利于中国沙棘种群的生长和发育。因此,在高速公路边坡绿化中,应对中国沙棘造林密度采取因坡向而异的原则,即根据坡向的水分特征和中国沙棘的生物生态学特性,在南坡宜适当加大造林密度,并加强土壤水分管理,以便提高造林效果和促进种群生长发育进程,使其尽早发挥防护作用。

4.3 路基边坡不同地形部位沙打旺种群的生态适应对策

4.3.1 引言

在区域至全球尺度上,地带性气候条件是决定植物种、生活型以及植被类型分布的主导因素。而在景观及更小的尺度上,非地带性的环境因子主导着植被的格局[19]。地形就是重要的非地带性因子之一,由于它控制了太阳辐射和降水的空间再分配,因此往往能较好地指示局部生境的小气候条件,反映土壤厚度和养分的空间差异,从而对生物产生间接作用,具有明显的生态指示意义[20-23]。已有大量研究表明,坡度、坡位、坡向、海拔等地形因子的差异均可显著影响植被分布与格局、生物多样性、土壤理化性状、植物及其种群的生长[24-28]等。这些研究从不同角度揭示了地形要素对植物种群的制约作用,也从不同层次反映了植物种群(或群落)对地形差异的生态适应对策。然而,上述研究多涉及较大尺度或纯自然因素引起的地形变化,对高速公路路基边坡绿化带这样小尺度人造景观中地形差异与植物种群关系的探讨极少报道。

绿化作为高速公路建设的主要内容之一,不但具有稳固路基、保护路面、降低噪声、诱导视线、防风、防雪、防沙、防眩、防止水土流失等功能,从而保证行车安全,还能美化路容、降低旅途疲劳,给人以“人在车中坐、车在画中行”的美感[29-32]。因此,高速公路绿化在高速公路建设和安全隐患的预防中具有不可替代的作用。然而,由于高速公路本身的非自然性,使其边坡及其附近绿化带形成了诸多人造景观,这些人造景观在小尺度上形成复杂多变的地形,进而影响或控制局部水分、热量等土壤肥力状况。由上述情况不难推测,高速公路边坡绿化带的地形差异必将导致绿化植物及其种群生长的差异,植物种群也必然通过某些行为调节对资源供应水平差异做出响应以适应不同的环境条件。为验证这一假设,本文以沙打旺(Astragalus adsurgens)为材料,以高速公路路基边坡不同地形部位的样地调查资料为依据,通过生长量、生物量及其分配格局等指标的分析,试图揭示地形差异对绿化造林效果的影响以及植物种群对不同地形部位环境条件的生态适应对策,这样的探讨具有重要的生态学意义和实际应用价值。

4.3.2 材料与方法

4.3.2.1 材料

沙打旺(Astragalus adsurgens)为豆科黄芪属多年生草本植物,广泛分布于我国北方干旱、半干旱地区。它不仅生长迅速、郁闭成林快,而且适应能力强,可在干旱、贫瘠的立地条件下旺盛生长并形成单优群落,常常用于防风固沙和水土保持,也因此成为高速公路绿化中的首先草种之一。同时,沙打旺营养价值高、适口性好、花期长,不仅是牛羊的优质饲料,也是干旱地区主要蜜源植物之一,对地方经济发展具有积极的作用。

4.3.2.2 方法

调查地段是经人为挖掘、堆积和覆土后形成的路基高边坡,根据地形部位、坡度大小以及土层厚度可将其分为三种立地类型:第一种类型位于边坡中部(处于第二和第三种类型过渡地带),坡度大且土层薄(样地1);第二种类型位于边坡上部,坡度较小且土层较厚(样地2);第三种类型位于边坡下部,地势平坦且土层深厚(样地3)。由于其余地形要素(如坡向、海拔高度和土壤组成等)一致,因此这三种类型形成了一个土壤水分和土壤养分梯度,即土壤水分和养分储量依次递增(表4-8)。调查时,根据代表性和典型性原则首先在三种类型的适宜地段设置面积为1m×10m样带,并将样带划分为面积为1m×1m格子样方。接着,逐一对格子样方进行每丛检尺,即逐丛测定其高度、地径和冠幅。然后,根据每丛检尺结果选择标准丛进行生物量测定。地上生物量测定采用全刈法、地下生物量测定采用全挖法,即全部割刈和挖掘之后,对其茎、叶片、花果和根系等构件分别称重。最后,将上述构件取一定数量的样品带回实验室烘至恒重,根据含水率折算生物量干重。

种群密度根据样地内成活的丛（穴）数推算，种群生物量、各构件生物量（$kg \cdot hm^{-2}$）干重及其分配比例（%）根据标准丛生物量和密度推算。土壤含水量的测定采用烘箱法，取样深度为30～50cm，每个样地重复取样三次，样品带回实验室烘至恒重求其土壤含水量（表4-8）。

沙打旺种群样地概况 表4-8

样地编号	调查地点	地形部位	地形特征	坡度（°）	土层厚度	土壤含水量（%）	土壤水肥储量
1	陕西定边	中部	斜坡地带	26～35	薄	5.46	低
2	陕西定边	上部	丘顶缓坡	<5	中	5.75	中
3	陕西定边	下部	平整地带	<5	厚	6.21	高

4.3.3 研究结果

4.3.3.1 种群生长特征差异

由表4-9可见，不同地形部位沙打旺种群的生长特征丛内平均分枝数量、丛内平均死枝数量、种群盖度和种群基盖度均存在显著差异（$\rho < 0.05$），从小到大依次为1号、2号和3号样地。由此表明，随着土壤水分和养分储量的增大，种群生长不断加速。但是，丛内死枝数量随着丛内分枝数量的增大而提高，而且三块样地的丛内平均分枝死亡率无显著差异。

沙打旺种群特征统计 表4-9

样地编号	丛内分枝数量	丛内死枝数量	丛内分枝死亡率（%）	种群盖度（%）	种群基盖度（$m^2 \cdot hm^{-2}$）
1	9.63a	6.76a	70.30a	45a	5.68 a
2	17.06b	10.26b	60.14a	75b	37.02b
3	22.54c	13.32c	59.09a	98c	65.82c

4.3.3.2 个体生长特征差异

由图4-2可见，不同地形部位沙打旺种群的个体平均生长指标高度、地径、冠幅都存在显著差异（$\rho < 0.05$），从小到大依次为1号、2号和3号样地。由此表明，随着土壤水分和养分储量的增大，种群个体平均生长量不断提高，即个体大小持续上升。

4.3.3.3 种群及其构件生物量差异

由表4-10可见，不同地形部位的沙打旺种群生物量及个体平均重量表现出明显差异，从小到大依次为1号、2号和3号样地。由此表明，随着土壤水分和养分储量的增大，种群生物量及个体平均重量不断提高。以地上构件生物量而言，茎、叶片以及花果生物量表现出与种群总生物量一致的变化趋势，即随着土壤水分和养分储量的增大而提高；以地下构件（根系）生物量而言，2号样地最低、1号样地居中、3号样地最高，其变化与土壤水分和养分储量差异没有明显的一致性。鉴于这一情况，需要对种群生物量分配比例进行考察。

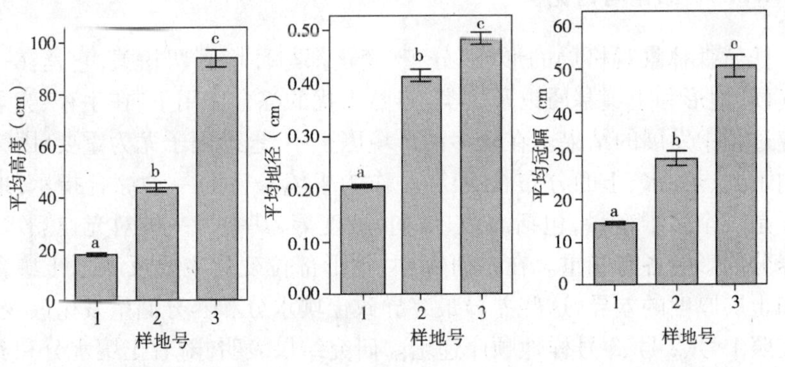

图4-2　沙打旺种群个体生长特征

沙打旺种群生物量　　表4-10

样地编号	株均重 (kg · ind^{-1})	种群生物量 (kg · hm^{-2})	生物量(kg · hm^{-2})				
			地上	茎	叶片	花果	根系
1	0.038 7	6 723.36	3 782.76	2 686.56	1 077.06	19.14	2 940.60
2	0.073 9	12 274.00	10 202.40	5 715.38	3 997.28	489.70	2 071.68
3	0.273 8	44 901.60	36 242.40	25 388.84	9 190.56	1 662.96	8 659.20

4.3.3.4　构件生物量分配差异

由表4-11可见，在不同地形部位，沙打旺种群的生物量分配比例表现出明显的差异。随着土壤水分和养分储量的增大，地上生物量投资不断提高，由小到大依次为1号、2号和3号样地；随着土壤水分和养分储量的增大，地下（根系）生物量投资不断减小，由小到大依次为3号、2号和1号。在地上生物量的再分配中，茎和花果的生物量分配比例变化规律与地上生物量分配比例变化一致，而叶片生物量分配比例变化与根系生物量分配比例变化一致。

沙打旺种群生物量分配 表4-11

样地编号	生物量分配(%)				
	地上	茎	叶片	花果	根系
1	67.59	33.45	33.93	0.21	32.41
2	83.12	46.58	32.56	3.98	16.88
3	86.81	60.80	22.02	3.99	13.19

4.3.4 结论与讨论

任何森林景观格局的形成、分布、变化都与环境密切相关,它是在一定的气候、地形和土壤基质以及人类、自然干扰的综合作用下,在生存、竞争及适应过程中发展的结果。在众多的环境因子中,地形因子尤为重要,因为它影响了光、热、水、土的分布状况[33]。作为生境条件的一种综合指示,地形特征是一个多维变量,包括海拔、坡向、坡度等,其中每一维对光、热、水、土壤养分的影响各有侧重。在本研究中,地形部位变化主要反映了土壤含水量和土层厚度的差异,这些差异最终导致土壤水分和养分储量发生改变,依次按照1号、2号、3号样地顺序递增。研究结果表明,随着土壤水分和养分储量的增大,沙打旺个体平均生长量、种群生长特征及种群生物量依次提高,这一现象反映了环境条件对植物生长的制约作用。由此表明,高速公路边坡的地形部位变化最终导致绿化植物及其种群的生长差异。

除上述规律性变化外,种群生物量分配也随着土壤水分和养分储量的改变表现出明显的规律性变化。由于植物不同构件具有不同的功能,因此各构件生物量分配蕴涵着重要的生长调节和物质分配策略[12]。研究结果表明,随着土壤水分和养分储量的增大,沙打旺种群对地上的生物量投资加大而对地下的生物量投资减小。但在地上生物量的再分配中,茎和花果的生物量投资随着土壤水分和养分储量的增大而上升,叶片的生物量投资随着土壤水分和养分储量的增大而下降。在土壤水分和养分储量较大的情况下,种群将更多的生物量投资于支撑构件(茎)和繁殖构件(花果);对茎的高投入促使种群形成较多的分枝同时产生高大的个体以便支撑繁茂的地上构件,这样不仅有利于对已占据空间和资源的利用,而且可以提高排斥其他植物入侵的能力;对于花果的高投入有利于产生更多的后代,可以提高种群的适合度[34];这是种群在生长和生殖之间做出的权衡。在土壤水分和养分储量较小的情况下,种群将更多的生物量投资于资源获取构件,从而使种群通过较大范围的觅养以适应较差的立地条件;对茎的低投入促使种群减少分枝数量同时产生较小的个体,降低了种内竞争;对叶片的高投入有利于扩大叶面积,提高种群对光能的截获和利用效率;对根系的高投入有利于形成发达的地下组织,能够扩大种群对水分和养分获取及利用的范围;这是种群在生长和生存之间做出的权衡。由此表明,植物种群通过生物量分配调节对资源供应水平差异做出响应以适应不同的环境条件。

4.4 南北边坡柠条种群生物量分配与生长的对比研究

4.4.1 引言

柠条具有较强的适应性和多种用途,近年来在我国北方公路绿化中的应用越来越广泛。尤其是在高速公路路基边坡上种植柠条,对稳固路基、保护坡面、防止水土流失具有明显的作用[35-37]。但是,由于柠条的生长发育受到坡位、坡向、土壤类型等立地因子的极大影响[38-40],因此这些立地因素的变化必然导致个体生长和种群特征的差异。对于人工修筑的高速公路路基而言,除边坡方向和部位差异外,其他立地因子相同。因此,在边坡部位相同的情况下,坡向便成为影响柠条生长的主导因子。就本研究区靖边—王圈梁高速公路(靖王高速)的具体情况来说,其整体趋势呈东西走向,两个路基边坡恰好为南坡(阳坡)和北坡(阴坡),是比较分析坡向对柠条生长影响的典型场所。基于这些理由,本研究以该高速公路路基边坡种植的柠条为对象,比较分析了北向和南向路基边坡中部柠条种群生长量和生物量分配差异,并依此探讨柠条种群对坡向差异的生态适应对策。

4.4.2 研究方法

4.4.2.1 样地设置和调查

样地选择采用典型抽样法,分别在北坡和南坡的中部各选取两块样地,每块样地面积为1 m×5 m。然后,将样地划分为五个1m×1 m格子样方。接着,逐一对每个格子样方进行每木检尺,内容包括树高、地径、冠幅等。所选择的四块样地,除了坡向不同,其他立地因子全部相同。

4.4.2.2 生物量测定

地上生物量测定采用平均标准木法,即根据每木检尺结果选择平均标准木,将其地上部分全部刈割,并对其干、枝、叶分别称重;地下生物量测定采用全挖法,即将根系全部挖出称重。然后,将上述构件取一定数量的样品带回实验室烘至恒重,据此推算种群生物量($kg \cdot hm^{-2}$)、各构件生物量($kg \cdot hm^{-2}$)干重及其分配比例(%)。

4.4.2.3　土壤含水量的测量

土壤含水量的测量采用烘箱法，取样深度为30～50cm，每个样地重复取样三次，样品带回实验室烘至恒重求其含水量。

4.4.3　研究结果

4.4.3.1　不同坡向土壤含水量比较

测定结果表明，南坡土壤含水量为4.95%、北坡为6.56%，两者之间存在显著差异($\rho < 0.05$)，即北坡土壤的含水量显著高于南坡。据此将样地分为北坡种群和南坡种群进行比较分析，北坡种群包括样地1和样地2、南坡种群包括样地3和样地4。

4.4.3.2　不同坡向种群生长特征比较

表4-12列出了不同坡向种群生长的特征及其差异显著性检验结果，其中包括种群平均高度、平均地径、平均冠幅以及保存株数和种群基盖度。由此可见，北坡种群的生长量指标显著高于南坡种群($\rho < 0.05$)，同一坡向种群之间的生长特征无显著差异。

不同坡向种群生长状况及其方差分析　　表4-12

样地号	坡向	保存株数（株/hm^2）	平均高度（cm）	平均地径（cm）	平均冠幅（cm^2）	种群基盖度（%）
1	N	96 000a	59.19a	0.54a	36.06a	2.20a
2	N	98 000a	57.88a	0.58a	37.05a	2.59a
3	S	80 000b	37.02b	0.41b	33.59b	1.06b
4	S	82 000b	30.95b	0.41b	29.56b	1.08b

4.4.3.3　不同坡向种群生物量比较

表4-13列出了不同坡向种群的生物量积累情况，其中包括平均单株重量、种群、地上和地下生物量，以及各个构件（枝条、叶片、根系）的生物量。由此表明，北坡种群及其构件（除死枝干外）的生物量显著大于南坡种群($\rho < 0.05$)；而死枝干则相反，南坡种群显著高于北坡种群($\rho < 0.05$)；在同一坡向，种群及其构件的生物量没有显著差异。

不同坡向种群的生物量　　表4-13

样地	坡向	株均重（kg/ind）	种群（kg/hm^2）	地上（kg/hm^2）	地下（kg/hm^2）	活枝干（kg/hm^2）	死枝干（kg/hm^2）	叶片（kg/hm^2）	根系（kg/hm^2）
1	N	0.10a	9 937.92a	5 472.96a	4 464.96a	3 945.60a	96.00b	1 431.36a	4 464.96a
2	N	0.09a	8 658.30a	5 132.26a	3 526.04a	3 765.16a	68.60b	1 298.50a	3 526.04a
3	S	0.05b	3 881.60b	1 908.80b	1 972.80b	1 129.60b	191.20a	588.00b	1 972.80b
4	S	0.04b	3 223.42b	1 593.26b	1 630.16b	1 126.68b	178.76a	533.82b	1 630.16b

4.4.3.4 不同坡向种群生物量分配比较

由表 4-14 可知,不同坡向种群的生物量分配格局表现出明显差异。在同一坡向,北坡种群的地上生物量投资大而地下生物量投资小,南坡种群的地上生物量投资小而地下生物量投资大。在不同坡向,北坡种群的地上生物量投资大于南坡种群,南坡种群的地下生物量投资大于北坡种群。在地上生物量的再分配中,北坡和南坡种群的生物量投资大小依次为活枝干、叶片和死枝干,但北坡种群的活枝干生物量投资大于南坡种群,而南坡种群的叶片和死枝干生物量投资大于北坡种群。

不同坡向种群生物量分配比例(%) 表 4-14

样地号	坡向	地上	活枝干	死枝干	叶片	地下
1	N	55.07	39.70	0.97	14.40	44.93
2	N	59.28	43.49	0.79	15.00	40.72
3	S	49.18	29.10	4.93	15.15	50.82
4	S	49.43	34.95	5.55	16.56	50.57

4.4.4 结论与讨论

在靖王高速公路,北向路基边坡的土壤含水量显著高于南向路基边坡。与之相应,北坡种群的生长特征,包括平均高度、地径、冠幅、个体重量、保存株数、种群基盖度以及种群和各个构件(死枝干除外)的生物量均显著高于南坡种群,但同一坡向种群之间的生长特征差异不显著。由此表明,坡向是影响柠条种群存活与生长的主导立地因素之一,其原因是坡向的改变最终导致土壤含水量产生了差异。这个结果与刘占德等的研究一致,而与毕建琦等的研究不同。根据刘占德等的研究结果,柠条种群生物量在不同坡向的大小排序为阴坡、半阴坡、阳坡或半阳坡[38]。而根据毕建琦等的研究结果,柠条生长量和种群生物量在不同坡向的大小排序为阳坡、半阳坡、半阴坡和阴坡[39]。对此结果,毕建琦等认为研究对象的年龄差异是主要原因。具体地说,毕文研究的柠条为 3 年,正处于幼龄时期,此时土壤含水量还不是限制柠条生长的关键因子,而光照强度的大小可能是其生长的限制因子;刘文研究的柠条为中龄林,此时土壤中已出现干层,土壤水分则成为主要的影响因子。但是,本研究的柠条与毕文的年龄相同,结果却相反。为此,对两个研究地点的情况进行了详细的比较分析。结果发现,毕文研究区的降水量为 513mm,而本研究仅为 316.9mm。因此,这些结果进一步说明了本研究区土壤水分的重要性。

除了生长量和生物量差异外,北向和南向路基边坡种群的生物量分配也表现出明显不同。在北向路基边坡，种群将更多的生物量投资于地上部分，尤其是枝干的生长，从而促使种群形成高大的个体、茂密的树冠，以加强对地上资源的获取和利用。这样一来，不仅有利于种群对已占据生境的巩固和利用，而且可以提高种群排斥其他植物种类入侵的能力。在南向路基边坡，种群将更多生物量投资于地下部分，从而促使种群形成较小的个体、稀疏的树冠和发达的根系。因此，有利于促使种群在更大的范围内觅取土壤资源，尤其是对土壤水分的获取和利用，同时减少因树体蒸腾造成的水分散失，从而适应干旱缺水的环境。另一方面，南坡种群死枝干投资高于北坡，而且种群的保存率也显著低于北坡。一般情况下，随着密度的增加，植物个体以死亡、降低生长量或生殖能力作出反应。由此推断，南向路基边坡种群的密度超过了环境容纳量，因此在个体和构件水平产生了稀疏，从而缓解了因水分缺乏对种群造成的压力，这也是柠条种群生态适应对策的重要表现形式之一。

4.5 路基两侧不同地形部位紫穗槐种群生长的差异

4.5.1 引言

坡向、坡位、坡度等地形因子直接影响水热资源的再分配和土壤条件，其中任何一个因素的变化都会导致林木生长产生差异[41-43]。在高速公路两侧，平整带、路基边坡立地条件的差异就集中体现在坡向、坡位、坡度和土壤条件上。具体地说，平整带没有或很少挖掘、垫土，地势平缓并在一定程度上保留了原有土壤的特征；路基边坡完全由人工垫土或挖掘形成，土壤、坡度等立地因子一致但边坡方向却不同。因此，平整带、路基不同方向边坡的植物生长肯定存在一定差异。为了探讨这一问题，以靖王高速的主要绿化植物紫穗槐(Amorpha fruticosa)为材料，对平整带、路基北边坡和南边坡中部的种群进行比较分析，期望揭示不同地形部位种群的生长和生物量差异。

紫穗槐属于丛生落叶灌木，广泛分布于我国东北、华北、西北以及长江和淮河流域，耐干旱、高温、严寒以及盐碱和沙埋，根系发达、固结土壤能力强，不仅是优良的水土保持、防风固沙和园林绿化树种，也是优良的肥料(固氮)、饲料和燃料树种[44,45]。随着人们对其护坡、护埂作用认识的不断深入，逐步被用于铁道护坡工程[46-48]。近几年来，紫穗槐在榆靖高速、靖王高速等路基两侧的绿化中得到了大量应用。因此，研究路基两侧特殊环境条件下紫穗槐生长的差异，不仅可以丰富紫穗槐种群生态学的研究内容，而且可为紫穗槐的造林设计和抚育管理提供依据。

4.5.2 研究方法

样地选择采用典型抽样法，分别在路基的南边坡、北边坡和平整带各选一块样地，每块样地面积为 $1 \times 5m^2$。接着，将样地划分为 5 个 $1 \times 1m$ 格子样方，逐一对每个格子样方的植株进行每木检尺，分别测定树高、地径和冠幅等数量性状。然后，根据每木检尺结果选择平均标准木进行生物量测定。地上生物量测定采用分层切割法，分别干、枝、叶进行称重；根系生物量测定采用“全挖法”，即将根系全部挖出称重。最后，将上述构件取一定数量的样品带回实验室，在 80℃ 条件下烘至恒重计算其干重，并据此推算种群总生物量和各构件生物量干重。土壤含水量测定采用烘箱法，取样深度为 30～50cm，每个样地重复取样三次，样品带回实验室烘至恒重求其含水量。

4.5.3 研究结果

4.5.3.1 个体生长性状差异

在个体水平，生长量主要表现在高度、地径（胸径）以及冠幅等方面。对于同一植物种类而言，生长量大小反映了立地条件对其生长的制约作用，也反映了植物通过可塑性调节对立地条件做出的响应程度。由表 4-15 可见，三块样地的个体平均高度、平均地径和平均冠幅存在显著或极显著差异，从大到小依次为平整带、北边坡和南边坡。由此表明，靖王高速公路两侧的地形部位对紫穗槐个体生长具有显著影响。

不同地形部位紫穗槐个体生长特征 表 4-15

地形位置	平均高度（cm）	平均地径（cm）	平均冠幅（cm）
南坡	67.64	0.73	48.09
北坡	87.21	0.86	55.79
平整带	148.83	1.06	107.07
差异显著性	4.14①	9.20②	5.54①

注：①$p < 0.05$；

②$p < 0.01$。

4.5.3.2 种群生长特征差异

在种群水平，生长特征主要表现为对空间的占据和利用能力。对于丛生型的紫穗槐而言，通过分枝对紫穗槐种群生长具有明显进行树冠扩张，其结果表现为种群盖度增大。因此，丛内分枝数量和种群盖度是紫穗槐进行水平拓展能力的直接反映。由图4-3可见，平整带种群的分枝数量远大于北边坡和南边坡种群，分别是北边坡和南边坡种群的2.49倍和3.03倍，北边坡种群的分枝数量也明显大于南边坡种群。由图4-4可见，三块样地的种群盖度存在显著差异($\rho<0.05$)，从大到小依次为平整带、北边坡和南边坡。由此表明，靖王高速公路两侧的地形部位影响；拥有较多分枝数量的紫穗槐其种群盖度也较大，这样不仅有利于种群对生境空间的占据和利用，也有利于种群生态效益的尽快发挥。

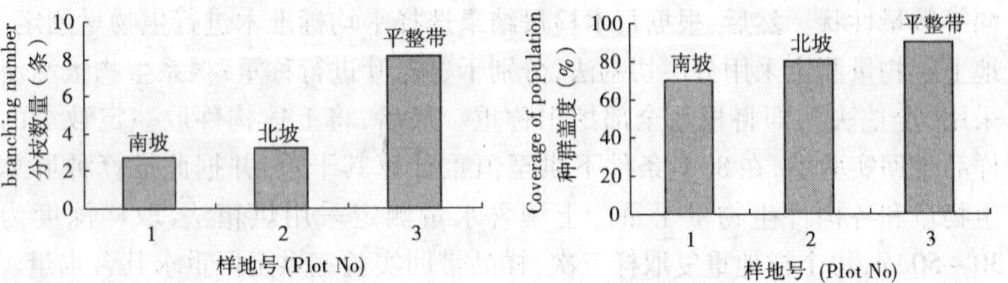

图4-3　不同地形部位紫穗槐种群平均分枝数量　　图4-4　不同地形位置紫穗槐种群盖度

4.5.3.3　种群及构件生物量差异

生物量是植物种群数量特征的主要参数之一，反映立地条件对种群生产力的制约作用。由表4-16可见，不同地形部位紫穗槐种群和构件生物量之间存在明显的差异。其中，平整带种群生物量分别是南坡和北坡种群的14.96倍和12.31倍，北坡种群生物量是南坡种群的1.22倍。由此可见，地形部位对紫穗槐种群的干物质生产具有明显影响，平整带种群生物量积累最大、北坡居中、南坡最差。在构件水平，生物量的变化规律与种群有相同之处，也有不同之处。例如，地上生物量大小顺序与种群生物量相同，而地下生物量大小顺序与种群生物量不同。为此，有必要探讨构件生物量分配规律与能量投资对策。

不同地形位置紫穗槐种群生物量　　表4-16

地形位置	种群生物量（kg/hm^2）	地上生物量（kg/hm^2）	地下生物量（kg/hm^2）	枝干生物量（kg/hm^2）	叶片生物量（kg/hm^2）	花果生物量（kg/hm^2）
南坡	6 254.04	3 315.00	2 939.04	1 927.38	1 387.62	/
北坡	7 601.88	5 391.36	2 210.52	3 626.22	1 765.14	/
平带整	93 581.88	61 612.32	31 969.56	41 265.00	17 216.22	3 131.1

4.5.3.4　构件生物量分配差异

由于植物不同构件具有不同的生态功能，因此各构件生物量分配蕴涵着重要的生长调节和物质分配策略[12]。由表4-17可见，在三块样地中，地上生物量分配比例由高到低依次为北边坡、平整带和南边坡，地下生物量分配比例由高到低依次为南边坡、平整带和北边坡。结合前述生长量分析可知，北坡种群以个体高大、树冠茂密为特征；南坡种群以根系发达、个体矮小和树冠稀疏为特征。此外，平整带种群拥有少量的花果，说明它已经进入生殖生长。

不同地形部位紫穗槐种群的生物量分配(%)　表4-17

地形位置	种群生物量	地上生物量	地下生物量	枝干生物量	叶片生物量	花果生物量
南坡	100.00	53.01	46.99	30.82	22.19	/
北坡	100.00	70.92	29.08	47.70	23.22	/
平带整	100.00	65.84	34.16	44.10	18.40	3.34

4.5.4 结论与讨论

本文以高速公路两侧的特殊环境为对象，从构件、个体和种群水平探讨了地形部位对紫穗槐生长的影响。结果表明，平整带紫穗槐种群的生长量最大、北边坡种群居中、南边坡种群最小。究其原因，所选样地的南、北边坡都是人工垫土形成，土壤条件、坡位、坡度等立地因子相同但坡向不同。由于北边坡的土壤含水量显著高于南边坡，因此北边坡种群的生长量显著大于南边坡种群，表现出干旱半干旱地区土壤水分的限制性作用。与边坡相比，平整带没有或很少挖掘、垫土，它保留了原有黄土的特征，比风沙土的适宜性更好。同时，平整带还可以接受来自边坡的径流。因此，平整带种群的生长明显优于边坡种群，表现出水分和土壤条件的综合作用。根据测定，南边坡、北边坡和平整带的土壤含水量分别为5.58%、7.20%、6.03%，存在极显著差异($\rho < 0.01$)。

上述研究结果，说明了地形部位对种群生长的制约作用。另一方面，种群通过生物量分配调节对立地条件做出响应，以适应相应的生态环境。在南边坡，种群将更多的生物量投资于地下构件的生长，结果形成发达的根系、较小的个体和稀疏的群落，这样不仅提高了种群对土壤水分资源的获取和利用，而且有利于减少蒸腾所造成的水分散失；在北边坡，种群将更多的生物量投资于地上构件的生长，结果形成高大的个体和茂密的群落，这样不仅有利于种群对生境的占据和利用，而且提高了种群排斥其他物种入侵的能力[15,16]。对平整带而言，种群在土壤水分和养分的共同作用下，其地上和地下生物量的投资处于南、北边坡种群之间。此外，平整带种群已经进入生殖生长，这样种群可以尽快地产生更多的后代，从而提高了种群的适合度。

本章小结

在所选择的绿化植物中，柽柳、新疆杨和漳河柳在湿润的黄土地段，尤其是下湿地成活、生长良好，而其余树种在所有标段的成活与生长均比较理想。同时，在同一地段，同一树种的成活、生长还与路基边坡的方向以及路基两侧的地形部位密切相关。但就整体的成活与生长而言，所选植物种类及其群落结构设计科学合理，不仅做到了适地适树，而且达到了良好的栽植效果。

上述情况说明了立地条件对植物存活、生长的制约作用，但良好的栽植效果也离不开植物对立地条件，尤其是土壤水分条件的适应性调节。在较差的土壤水分条件下，种群将更多的生物量投资于地下构件的生长，从而形成较小的个体、稀疏的群落以及发达的根系以便加强对土壤水资源的获取；在较好的土壤水分条件下，种群将更多的生物量投资于地上构件的生长，从而形成高大的个体、茂密的群落以利于对生境空间的占据、利用和巩固。

参考文献

[1] 雷波，包维楷，贾渝，等．不同坡向人工油松幼林下地表苔藓植物层片的物种多样性与结构特征．生物多样性，2004，12(4)：410～418.

[2] 李勉，姚文艺，李占斌．黄土丘陵区坡向差异及其在生态环境建设中的意义．水土保持研究，2004，11(1)：37～39.

[3] 薛文鹏，赵忠，李鹏，等．王东沟不同坡向刺槐细根分布特征研究．西北农林科技大学学报(自然科学版)，2003，31(6)：27～30.

[4] 四川植被协作组．四川植被．成都：四川人民出版社，1980：50～78.

[5] 唐永金，许元平，岳含云，等．北川山区海拔和坡向对杂交玉米的影响．应用与环境生物学报，2000，6(5)：428～431.

[6] Hacker, J. B. and J. H. Terouth. The nutrition of herbivores. Acad. Press Aus. 1987：50～51.

[7] 胥晓，苏智先，严贤春．坡向对四川冶勒红豆杉种群分布格局的影响——基于斑块信息的分析．应用生态学报，2005，16(6)：985～990.

[8] 阮成江，李代琼．半干旱黄土丘陵区沙棘林地土壤水分及其对沙棘生长影响研究．水土保持通报，1999，19(5)：27～30.

[9] 胡玉佳,汪永华,丁小球,等. 海南岛五指山不同坡向的植物物种多样性比较. 中山大学学报(自然科学版),2003,42(2):86~89.
[10] 魏宇昆,梁宗锁,崔浪军,等. 黄土高原不同立地条件下沙棘的生产力与水分关系研究. 应用生态学报,2004,15(2):195~20.
[11] 贺斌,李根前,徐德兵,等. 沙棘克隆生长及其生态学意义. 西北林学院学报,2006,21(3):54-59.
[12] 杨允菲,李建东. 松嫩平原不同生境芦苇种群分株的生物量分配与生长分析. 应用生态学报, 2003,14(1):30~34.
[13] 杨文治,马玉玺,韩仕峰,等. 黄土高原地区造林土壤水分生态分区研究. 水土保持学报, 1994, 8(1): 1~9.
[14] de Kroon H, Schieving F. Resource allocation pattern as a function of clonal morphology: a general model applied to foraging clonal plant. J of Ecol,1991,79: 519~530.
[15] Slade A J, Hutchings M J. The effects of nutrient availability on foraging in the clonal herb Glechoma hederacea. J of Ecol, 1987,75: 95~112.
[16] Lovett Doust L. Population dynamics and specialization in a clonal perennial (Rannunculus repens). Ⅰ The dynamics of ramets in Contrasting habitats. J. of Ecol,1981,69: 743~755.
[17] 李根前,黄宝龙,唐德瑞,等. 毛乌素沙地中国沙棘无性系生长格局与生物量分配. 西北农林科技大学学报(自然科学版),2001,29(2):51~55.
[18] 贺斌,李根前,高海银,等. 不同土壤水分条件下中国沙棘克隆生长的对比研究. 云南大学学报, 2007,29(1):101~107.
[19] Woodward F I & I F Mckoo. Vegetation and climate. Environment International, 1991, 17: 535~546.
[20] Parker A J. The topographic relative moisture index: an approach to soil moisture assessment in mountain terrain. Physical Geography, 1982, 3: 160~168.
[21] Chen Z S, C F Hsieh, F Y Jiang, et al. Relations of soil properties to topography and vegetation in a subtropical rain forest in southern Taiwan. Plant Ecology, 1997, 132: 229~241.
[22] Tamura T. Landform-soil features of the humid temperate hills. Pedologist, 1987, 31: 135~146. (in Japanese).
[23] McDonald D J, R M. Cowling & C Boucher. Vegetation-environment relationships on a species-rich coastal mountain range in the fynbos biome

(South Africa). Vegetatio,1996,123:165 ~ 182.

[24] Tamura, T. Multi-scale landform classification study in the hills of Japan. Part I. Device of multi-scale landform classification system. Science Report Tokyo University, 7th Series(Geography), 1981,30(1):1 ~ 19.

[25] 沈泽昊,张新时,金义兴. 地形对亚热带山地景观尺度植被格局影响的梯度分析. 植物生态学报, 2000,24(4):430 ~ 435.

[26] 毕如田,李华. 不同地形部位耕地微量元素空间变异性研究——以永济市为例. 土壤,2005,37(3): 290 ~ 294.

[27] 柳云龙,胡宏涛. 红壤地区地形位置和利用方式对土壤物理性质的影响. 水土保持学报, 2004, 18(1):22 ~ 26.

[28] 卢志军,马克平. 地形因素对外来入侵种紫茎泽兰的影响. 植物生态学报,2004,28(6):761 ~ 767.

[29] 邓静,赵春爱,周存秀. 平西高速公路的绿化材料选择及景观设计. 交通环保,2003,24(2):13 ~ 15.

[30] 卢振启,梁军伟,刘梅巧. 高速公路绿化工程施工管理. 河北林果研究,2000,15(增刊):82 ~ 85.

[31] 禹忠耀,郭俊杰. 高速公路绿化管理初探. 广东公路交通,1997,51(增刊):130 ~ 133.

[32] 曹家仁. 高速公路绿化设计及养护管理初探. 辽宁林业科技,2000,1:41 ~ 42.

[33] 孔繁花,李秀珍,尹海伟,等. 地形对大兴安岭北坡林火迹地森林景观格局影响的梯度分析. 生态学报,2004,24(9):1863 ~ 1870.

[34] 张大勇. 2004. 植物生活史进化与繁殖生态学. 北京,科学出版社,61 ~ 68.

[35] 刘红强,姜昌,沈德花. 宁夏高速公路绿化刍议. 宁夏农林科技,2002(5):40 ~ 42.

[36] 张明亮,裴国平. 晋西北公路柠条路基护坡. 山西交通科技,2000,(6):15 ~ 17.

[37] 田兴亮. 公路边坡培植柠条的探讨. 山西建筑,2003,29(4):231 ~ 232.

[38] 刘占德,刘增文. 沙棘柠条的生物量及立地因子分析. 西北农业学报,1994,3(2):92 ~ 96.

[39] 毕建琦,杜峰,梁宗锁,等. 黄土高原丘陵区不同立地条件下柠条根系研究. 林业科学研究,2006,19(2):225 ~ 23.

[40] 牛西午．柠条生物学特性研究．华北农学报,1998,13(4):122～129.
[41] 沈国舫．森林培育学．北京:中国林业出版社,2005.
[42] 张万儒．中国森林立地．北京:科学出版社,1997.
[43] 孙长忠,沈国舫．我国人工林生产力问题研究(Ⅰ)——影响我国人工林生产力的自然因素评价．林业科学,2001(3):72～77.
[44] 王印川．紫穗槐及其经济利用价值．山西水土保持科技,2003,1:21～23.
[45] 赵淑梅,张从景．紫穗槐的综合利用及栽培技术．防护林科技,2005,(3).
[46] 周兴魁,孙国量,蔡强国．黄土丘陵区的地更植物篱——紫穗槐．陕西水土保持科技,1997,(2):32～34.
[47] 鲁成禹．生物篱治理坡耕地水土流失的探讨．湖北林业科技,2001,(3):23～24.
[48] 喻支平．播种紫穗槐结合喷播植草在铁路护坡工程中的应用．铁道标准设计,2004,(2):48～49.

第五章　人工植被综合效益评价及案例分析

人工植被建设是高速公路工程的重要组成部分，除了对高速公路的辅助和服务功能以外，其本身特有的生态功能以及附带产生的社会、经济效益也不容忽视。综合效益的高低表示了高速公路人工植被建设的成效甚至成败与否，直接关系到高速公路建设整体功能与作用的发挥，是验证公路工程质量优劣和规划设计方案合理与否的重要指标。因此，在调查研究的基础上，对人工植被的交通、生态、经济和社会功能进行综合分析和评价，可为合理利用、管理和改进相似地区高速公路绿化建设工作提供参考依据。

目前，国内外对高速公路的绿化综合效益只进行定性描述与评定，尚无定量评价指标体系的报道[1]。为此，本文在靖王高速公路人工植被综合功能定性评价与分析的基础上，参考林业工程中森林综合效益(包括生态效益、社会效益与经济效益)的评价方法兼顾工程学、生态学、植物学、经济学、环境学原理，对靖王高速公路人工植被的功能进行定性及定量分析，其结果具有重要的理论指导意义与实际应用价值。

5.1　交通功能

作为高速公路最重要的有机组成部分之一，人工植被主要作用必然是辅助公路交通运行，保证交通顺畅，提高道路综合素质和行车安全与质量。目前，已有大量文献报道了高速公路人工植被的交通辅助功能[1-7]。对于地处毛乌素沙地的靖王高速公路而言，植被稀少、风沙危害严重，人工植被交通功能的重要性不言而喻，其主要表现形式如表5-1所示。

靖王高速公路人工植被的交通功能　　表5-1

交通功能	具体描述
工程防护功能	稳固路基、预防滑坡踏方、防风固沙、降低地表温度以延长道路寿命
提高行车安全	隔离与封闭、防眩、缓冲物理冲力、减轻事故后果、减轻视觉疲劳
诱导功能	视线引导、线形预告
美化环境功能	美化路容、提高当地森林覆盖率

5.1.1 工程防护功能

靖王高速地处毛乌素沙地南缘，风沙危害严重，降水量虽小却多大雨和暴雨，加之土壤结构疏松、粘粒含量低，因此易于遭受水蚀、风蚀和搬运堆积，对公路的稳定性和交通安全造成危害。在公路两侧营建人工植被，无疑可明显减轻风沙危害和水土流失，其原因在于：其一，平整带乔、灌、草相结合的复层群落是一道强大绿色屏障，可以有效拦截风沙、降低风速，从而减轻风沙危害并缓解风沙对路面的破坏和对行车的干扰。其二，在众多的绿化植物中，许多种类根系非常发达，如沙棘、沙柳等克隆植物尤其如此，它们不仅拥有发达的垂直根系同时拥有延伸能力极强的水平根系，从而形成了立体交错的地下网络结构，对土壤的固结能力极强。这一点，在内蒙古采用沙棘治理础砂岩和红土泻溜的实践中已经得到证实。其三，人工植被可形成特殊的小气候环境，同森林一样可减缓温度变化、降低温差、提高湿度，并通过局部遮阴过滤部分强光对路面的直射，从而缓解公路老化进程、延长道路使用寿命。这一点，在植被稀少的干旱、半干旱地区和沙漠地区尤为重要。

5.1.2 提高行车安全，预防交通事故

在一望无际的沙漠和黄土之中，高速路两侧的人工植被恰似一条绿色玉带，对于缓解长时间驾乘引起的视觉疲劳、提高行车舒适性和安全性具有不可忽视的作用。其次，高速公路人工植被绿化带具有隔离与封闭的作用，可以防止行人和动物穿行，从而降低事故发生率。此外，人工植被具有较好的缓冲作用，尤其是乔木和灌木具有较好的弹性和柔软性，当交通事故发生时可以较好地缓冲车辆的物理冲击力，保护出事车辆，将事故的破坏性降低到最低，保障驾驶员和乘客的生命财产安全。

5.1.3 视线引导功能

视线引导功能包括视线诱导和线形预告。人工植被以高速公路为中心，形成一条连绵不断的人工绿色廊道，有助于引导驾驶员的行车视线、集中注意力。同时，驾驶员可以通过连续的绿色防护带走向预判公路走向。

5.1.4 美化环境功能

人工植被沿着靖王高速公路形成一条绿色走廊，穿行于茫茫大漠之中，时而笔直、时而转向，似绿龙游走，更似连接沙区与内陆及草原的“丝绸之

路”，这本身就是一道靓丽的风景线。人工植被带除了美化路容外，还可以明显提高当地森林覆盖率，改善高速公路沿线及周边地区生态环境，促进植被的恢复利用。

5.2 生态效益

高速公路人工植被除了保护公路交通运行质量外，其本身特有的生态功能也不容忽视，在社区的生态环境建设和植被恢复中发挥着重要的作用。高速公路人工植被的生态功能多种多样，包括防风固沙、涵养水源、保持水土、固碳制氧、保护物种多样性以及净化空气和美化环境等。这些功能虽然不能以货币的形式产生直接的经济效益，但却间接地为社区治理风沙灾害、保护水土资源节约了大量资金，同时又为当地社会生产创造了自然条件，间接地为促进地区经济增值作出贡献。因此，可根据植被为政府生态治理所节约的成本量和社区经济增值的货币表现量来衡量植被生态效益，以此来分析林地生态功能、评价人工植被的质量，这种价值被称为植被的间接经济效益或“影子价格”。基于这些理论基础，本文参考国内较为通用的生态效益评价方法[8~13]，结合靖王高速公路的具体情况，对已建人工植被的生态功能进行间接量化分析，以货币形式表现和评价高速公路绿地的生态功能与效益。

5.2.1 防风固沙

在毛乌素沙地，植被的形成往往伴随着沙丘的固定，因而对提高流动沙丘斑块的植被盖度、增强环境的稳定性更加迅速有效。对靖王高速公路而言，人工植被的形成对沿线风沙的拦截与固定具有重要意义。一方面，植物的地下结构能跨越较大的空间，形成庞大的地下根系网络，加之高速公路的工程措施（如边坡的格状草障和前沿栅栏等）的作用，使得人工植被可以有效地固定和阻截流沙，并为其他物种的定居提供条件。另一方面，植被的地上部分可以有效地拦截风沙和风滚植物，促进植被恢复重建和进一步的防风固沙。

目前，对防风固沙效益的评价尚无具体的量化研究和报道，本文参考保土效益的定量分析方法[13]，以年风蚀量为量化因子对靖王高速公路人工植被的防风固沙效益进行分析和评价，其量化模型为：

年均防风固沙效益 = 年均防风固沙量 × 工程单价（即防风固沙工程成本）
= 年风蚀量 × 保土系数 × 工程单价

根据克拉瓦络维克风蚀强度公式：

$$\text{年风蚀量}(m^3/\text{年}) = a \times b \times \text{温度系数} \times \text{年均风速} \times \text{无雪覆盖时年均风日数} \times \text{绿化面积} \quad (5\text{-}1)$$

其中，沙地土壤抗蚀系数(a)取2.0，汇水区结构系数(b)取0.9。同时，根据榆林地区国土资源普查结果[17]，温度系数＝(年均温/10)+0.1＝(7.9/10)+0.1＝0.89，年均风速为3.2m/s，无雪覆盖时年均风日数不低于300天，保土系数按0.7计算，防风固沙工程成本价按40元/m^3计算，则：

靖王高速公路人工植被年均防风固沙效益＝年风蚀量×保土系数×工程单价

＝702829.44×0.7×40

＝19679224元/年

＝1967.92万元/年

5.2.2 涵养水源

植物生态系统的蓄水效益主要体现在它能涵蓄降水和调节地表径流的价值上，其价值的大小用涵养水源或蓄水能力表示，它主要取决于植被的类型与结构、组成等因子。根据相关研究，灌丛、草地的蒸发量占降水量的71.4%，林地涵养水源量只占林区降水量的28.6%[11,15,16]。因此，靖王高速公路人工植被涵养水源总量可根据下式进行量化：

年均涵养水源总量＝年均降水量×绿化面积×28.6%　　(5-2)

目前，我国每立方米库容水库工程成本单价为0.67元[9,11]，年均降水量取定边县(316mm)与靖边县(395.4mm)的平均值，即355.9mm，据此可以推算靖王高速公路人工植被涵养水源的影子价值，即：

年均涵养水源效益＝年均涵养水源总量×蓄水单价(即蓄水工程单价)

＝年均降水量×绿化面积×28.6%×蓄水单价　(5-3)

所以靖王高速公路人工植被年均涵养水源影子价值总量为：

(355.9mm/1 000)×4 570 000m^2×28.6%×0.67元

＝311 662.84元/年

＝31.17万元/年

5.2.3 保土效益

林地能有效地防止降水对地面土壤的物理冲击和冲刷，缓解地表径流强度和降低侵蚀量，从而减少土壤的流失。林地植被的保土能力可根据下式计算[13]：

年均保土量＝绿化面积×侵蚀模数×保土系数　　(5-4)

根据《榆林国土资源》中的调查结果，风沙区土壤侵蚀模数为 3 800t · hm^{-2}/年，保土系数按 70% 计算[17]，则靖王高速公路人工植被年均保土总量为：

457hm^2 ×3 800t · hm^{-2}/年 ×70% =1 215 620t/年

若以保土工程成本单价 20 元/t 计算，则靖王高速公路人工植被年均保土效益为：

年均保土影子价值 = 年均保土总量 × 保土单价

=1 215 620 ×20

=24 312 400 元/年

=2431.24 万元/年

5.2.4 保肥效益

植被在发挥涵养水源、护坡保土功能的同时，还保持了土壤养分，尤其是有效减少了土壤中有机质及 N、P、K 的流失，防止了土壤肥力和立地质量的进一步下降。根据各种养分的平均含量以及保土量和保肥单价等，可以量化植被的保肥能力及其影子价值[13]，量化的具体模型为：

保肥效益 = 保肥能力 × 肥料单价

= 保土能力 × 各养分含量百分比 × 肥料单价 (5-5)

根据《榆林国土资源》中的土壤各种养分平均含量[17]和当前市场肥料价格，可以量化靖王高速公路人工植被年均保肥效益(表 5-2)。由表 5-2 可见，靖王高速公路人工植被每年可以保持有机质及 N、P、K 总量分别为 4 602.34t、292.96t、753.68t、33 165.76t，保肥效益分别为每年 230.12 万元、8.79 万元、60.29 万元、5787.43 万元。由此可得靖王高速公路人工植被年均保肥效益为 6 086.63 万元。

靖王高速公路人工植被保肥效益　　表 5-2

保肥效益	养分含量	保土能力	保肥能力	肥料单价	保肥效益	效益合计
保持有机质效益	0.378 6	1 215 620	4 602.34	500	230.12	6 086.63
保 N 效益	0.024 1	1 215 620	292.96	300	8.79	
保 P 效益	0.062 0	1 215 620	753.68	800	60.29	
保 K 效益	2.728 3	1 215 620	33 165.76	1 745	5 787.43	

5.2.5 固碳及制氧

人工植被通过光合作用和呼吸作用使大气的 CO_2 与 O_2 达到动态平

衡,减少温室效应、净化空气。对森林固定 CO_2 与释放 O_2 的评估,可以林地绿色植物生物量为基础,根据光合作用的反应方程式推算 CO_2 的总量与释放 O_2 的总量[14]。

$$6CO_2 + 6H_2O \longrightarrow C_6H_{12}O_6 + 6O_2 \qquad (5\text{-}6)$$

从此方程式可以得出,绿色植被每生产 162g 干物质,能释放 193g 氧气,即每生产 1t 干物质可释放 1.2t 氧气,每吨氧气价值按 369.7 元计算[9],则靖王高速公路人工植被每年释放氧气的效益为 460.86 万元(表 5-3)。

靖王高速公路人工植被固碳及制氧量化效益 表 5-3

物种	单株干重(g)	数量	总干重(t/年)	释放 O_2(t/年)	制氧效益(万元/年)	吸收 CO_2(t/年)	固碳效益(万元/年)
沙打旺	2 130.00	3 691 918 m^2	2 621.26	3 145.51	116.29	4 272.66	116.77
紫穗槐	3 384.50	2 431 248 丛	2742.85	3 291.42	121.68	4 470.85	122.19
柠条	70.00	2 319 475 丛	54.12	64.95	2.40	88.22	2.41
沙棘	134.00	1 303 840 丛	58.24	69.89	2.58	94.93	2.59
樟子松	526.56	128 763 株	22.60	27.12	1.00	36.84	1.01
新疆杨	15 952.49	180 855 株	961.70	1 154.04	42.66	1 567.56	42.84
漳河柳	5 717.47	73 415 株	139.92	167.90	6.21	228.06	6.23
旱柳	20 371.83	30 818 株	209.27	251.13	9.28	341.12	9.32
白榆	1 691.63	52 683 株	29.71	35.65	1.32	48.42	1.32
沙枣	2 968.10	279 923 株	276.95	332.34	12.29	451.42	12.34
沙柳	9 608.60	629 625 丛	2 016.60	2 419.93	89.46	3 287.07	89.84
柽柳	2 025.31	417 748 株	282.02	338.43	12.51	459.70	12.56
国槐	4 808.35	4 140 株	6.64	7.96	0.29	10.82	0.30
枸杞	3 384.50	856 461 株	966.23	1 159.48	42.87	1 574.96	43.04
云杉	300.00	1 237 株	0.12	0.15	0.01	0.20	0.01
合计	73 073.34	—	10 388.23	12 465.88	460.86	16 932.82	462.77

5.2.6 保护生物多样性

植物及其生态系统是动物与微生物的栖息地,是生物多样性保育的关键环节,它不但影响植被本身的种类、数量与质量,同时也直接关系到动物与微生物的物种多样性及其生存质量。靖王高速公路人工植被建设先后引入 27 种植物,增加了局部景观和生态系统的多样性,为沙区动物、植物与微生物在新的环境中定居创造条件,对干旱半干旱地区生物多样的保护有重要意义。

生物多样性评价目前在国际上还没有形成定论,也尚无公认的量化模型和方法可供效益评价参考[8]。根据国外相关研究,认为每公顷未受损害的植物可获得生物多样性价值每年不少于 15 美元[8],折合人民币约 120 元 · hm^{-2}/年。因此,靖王高速公路人工植被生物多样性保护量化价值为:

$$\text{靖王高速生物多样性保持年均影子价值} = \text{绿化面积} \times \text{物种保育单价} = 457hm^2 \times 120\text{元}.hm^{-2}/\text{年} = 5.48\text{万元/年} \quad (5\text{-}7)$$

5.2.7 生态效益综合评价

靖王高速公路全线 132. 30km,人工植被绿化总面积 $475hm^2$,年均生态效益可达 11 446. 07 万元(表 5-4)。其中,防风固沙效益、保土效益和保肥效益较高,符合该地区风蚀和水蚀强度大的特点。

植物的生态学与生物学特性具有明显的时间动态,在不同的阶段所发挥的生态效益也具有明显的差异,一般从幼林开始逐年上升。因此,人工植被造林前三年分别按年均生态效益完全价值的 30%、50%、70%计算,则靖王高速公路自 2004 年人工植被建设至 2007 年,生态效益累积总价值为 28 615. 18 万元(表 5-4)。

靖王高速公路人工植被生态功能与效益　　表 5-4

生态功能	具体描述	年均替代价值(万元)	累积价值(万元)
防风固沙	拦截风沙、固定流沙	1967. 92	4919. 80
水源涵养	增加湿度和地下水含量	31. 17	77. 93
保土效益	防治水土流失	2 431. 24	6 078. 10
保肥效益	减少土壤营养流失	6 086. 63	15 216. 58
固碳	吸收二氧化碳	462. 77	1 156. 93
制氧	放出氧气	460. 86	1 152. 15
保护生物多样性	增加生物种类与数量	5. 48	13. 70
合计效益	—	11 446. 07	28 615. 18

5.3 经济效益

植被本身除了具有重要生态防护功能外,还具有一定的使用价值和经济效益。在靖王高速公路人工植被建设过程中,植物种类的选择不但坚持了适地适树和生态防护原则,还兼顾了植物的经济效益,以增值创收补给人工植被后期管护资金的短缺，进一步优化高速公路及其人工植被的功能系统。因此，靖王高速公路人工植被所产生的直接经济效益也是效益评价的重要组成部分。由于涉及内容广泛、植物种类较多，本文仅对人工植被乔木树种的木材价值、灌木和草本鲜枝叶的“三料”价值和部分植物的经济价值进行效益评价。

5.3.1 木材经济效益

树木的新陈代谢是一个动态发展的过程，从萌芽到幼苗、成林直至衰老和死亡，有着自然发生的规律和完整的生活史。因此，在树木死亡之前进行合理的选择性采伐作业，不但不会破坏靖王高速公路人工植被的生态防护功能和工程保护功能，还可在尊重自然规律的基础上增加经济效益，是对生态规律的合理利用，对高速公路的长期发展和人工植被的更新具有积极的作用。

目前，木材产量与经济效益的评价一般通过森林蓄积量来推算。根据林木生物量与蓄积量的换算模型[18]：

$$W = -1.97 + 0.5364V \tag{5-8}$$

可推算蓄积量：

$$V = (W + 1.97)/0.5364$$

其中，W 为生物量，V 为木材蓄积量，木材利用率按 60% 计算，木材价格按 400 元/m^3 计算，则靖王高速公路人工植被年产木材产量为 1 547.82 m^3，年均木材效益为 61.91 万元（表 5-5）。其中以新疆杨的木材效益最好，占总效益价值的 70%。

靖王高速公路人工植被木材产量与经济效益　　表 5-5

物种	生物量（t/年）	年均蓄积量（m^3/年）	年均木材产量（m^3/年）	年均木材效益（万元/年）
樟子松	22.60	45.81	27.48	1.10
新疆杨	961.70	1 796.55	1 077.93	43.12
漳河柳	139.92	264.52	158.71	6.35
旱柳	209.27	393.81	236.29	9.45
白榆	29.71	59.06	35.44	1.42
国槐	6.64	16.05	9.63	0.39
云杉	0.12	3.90	2.34	0.09
合计	1 369.96	2 579.70	1 547.82	61.91

5.3.2 植物“三料”产量及其经济效益

靖王高速公路人工植被中,所选择的灌木和草本中大多都是当地较好的“三料”植物,如沙棘、柽柳、柠条、紫穗槐等,具有很高的饲料、肥料和燃料价值。三料植物的实用价值和经济效益主要是通过其枝叶的收获实现。如果鲜枝叶产量按50%的利用率,每吨鲜枝叶单价40元计算,则靖王高速公路人工植被可年产鲜枝叶536.51 t,年均收益2.15万元(表5-6)。

靖王高速公路人工植被“三料”产量与经济效益 表5-6

物种	单株鲜枝叶重(g)	数量	总鲜枝叶重(t/年)	利用率	总产量(t/年)	单价(元/年)	总效益(万元/年)
沙打旺	175.50	3 691 918 m^2	215.98	0.50	107.99	40	0.43
紫穗槐	117.14	2 431 248 丛	94.93	0.50	47.47	40	0.19
柠条	97.90	2 319 475 丛	75.69	0.50	37.85	40	0.15
沙棘	102.33	1 303 840 丛	44.47	0.50	22.24	40	0.09
沙枣	536.62	279 923 株	50.07	0.50	25.04	40	0.10
沙柳	2 200.00	629 625 丛	461.73	0.50	230.86	40	0.92
柽柳	686.23	417 748 株	95.56	0.50	47.78	40	0.19
枸杞	121.18	856 461 株	34.60	0.50	17.30	40	0.07
合计	4 036.90	—	1 073.02	0.50	536.51	40	2.15

5.3.3 主要植物的经济效益

由于在植物种类选择中兼顾了植物的经济特性和实用价值,因而靖王高速公路人工植被组成中有大量植物具有较高的经济价值,直接增加了人工植被的经济效益。这些经济植物中有些是久负盛名的药材,有些是良好的木材加工原料,本文仅对其中部分植物的某些经济价值进行效益评价。

5.3.3.1 沙棘果实价值

沙棘不但是重要的水土保持树种,还是珍贵的经济植物,其根、茎、叶、花、果,特别是沙棘果实含有丰富多样的生物活性物质,可广泛应用于食品、医药及轻工产品的加工制造。果实年产量按850kg/hm^2、每公斤单价以5元计算[19,20],则靖王高速公路人工植被中沙棘果可年产27 515kg、年均经济效益13.76万元(表5-7)。

5.3.3.2 枸杞果价值

枸杞是著名的药用植物,其叶、花、皮、根等都是极好的药材,尤其是果实更是中草药中的极品,不但可以制药以治病救人,还可制作保健食品和饮料,长期食用可强身健体、延年益寿。枸杞果用途广,经济价值高,产量按750kg/hm^2·年、单价按24元/kg计算[21],则靖王高速公路人工植被枸杞果可年产15 045kg、年均经济效益36.11万元(表5-7)。

主要经济植物的经济效益 表5-7

物种	构件	用途	单位产量	数量	年产量(kg)	单价(元/kg)	总效益(万元/年)
沙棘	果	制药、食用等	850kg/hm^2·年	32.37hm^2	27 515	5	13.76
枸杞	果	制药、食用等	750kg/hm^2·年	20.06hm^2	15 045	24	36.11
柽柳	枝	纤维板	0.52kg/株·年	417 748株	217 229	8	173.78
沙枣	花	养蜂产蜜	450kg/hm^2·年	125.97hm^2	56 687	20	113.37
国槐	花	制槐米	5kg/株·年	4 140株	20 700	25	51.75
合计	—	—	—	—	—	—	388.77

5.3.3.3 柽柳枝条作为纤维板原料的价值

柽柳是制造纤维板的良好材料,1.5t新鲜柽柳枝可制造1t纤维板(约158张2m×1m的纤维板,每张市场价格约50元)[22]。据此,靖王高速公路人工植被可年产柽柳枝条217 229kg,年均经济效益173.78万元(表5-7)。

5.3.3.4 沙枣养蜂价值

沙枣花量多而密,是沙区良好的蜜源植物。花期20天左右,其花蜜是蜂蜜中的上品。成林(10年生)沙枣每公顷可养蜂30箱,年产蜜量为450kg[23]。由此不难推算,靖王高速公路人工植被中沙枣养蜂,每年可产蜜56 687 kg,年均经济效益113.37万元(表5-7)。

5.3.3.5 国槐制作槐米的价值

国槐是我国特有的落叶乔木,是一种集材用、药用、食用与观赏等于一身的多功能树种。尤其是花蕾可制作槐米,营养高、口感好,具有很高的经济价值。国槐栽植后3年就可以采花蕾制槐米,8年可进入盛产期,按平均每株年产槐米5kg,销售单价为每公斤25元计算,则靖王高速公路人工植被可年产槐米20 700 kg,年均经济效益51.75万元(表5-7)。

综上所述,靖王高速人工植被中,经济植物每年直接经济效益不低于388.77万元(表5-7)。

5.3.4 经济效益综合评价

靖王高速公路人工植被绿化总面积475hm^2,年均经济效益不低于

452.83 万元(表5-8)。其中,木材年均收益61.91 万元,植物“三料”价值年均收益2.15 万元,林副产品年均收益388.77 万元。

靖王高速公路人工植被经济效益 表5-8

经济效益	具体描述	替代价值(万元/年)	累积价值(万元)
木材	家具与建筑等原木材料	61.91	154.78
“三料”价值	饲料、肥料、燃料等	2.15	5.38
经济产品	制药、制作木材加工原料、养蜂等	388.77	971.93
合计	—	452.83	1 132.08

与生态效益相似,植物在不同的阶段所生产的经济效益也具有明显的差异,一般从幼林开始逐年上升。因此,人工植被造林前三年分别按年均经济效益完全价值的30%、50%、70%计算,则靖王高速公路人工植被自2004 年建设至2007 年,经济效益累积总价值为1132.08 万元(表5-8)。由此可见,在高速公路人工植被建设中,适当引入生态功能强、经济价值高的植物种类(沙棘、紫穗槐等),不但不会影响其交通保护功能和生态防护功能,还能增加经济收入,从一定程度上缓解了高速公路人工植被管护的资金压力,实现在交通、生态、经济与社会等多维度受益的多赢局面,具有重要的现实意义。

5.4 社会效益

靖王高速公路人工植被在发挥交通、生态与经济功能的同时,还对当地的风俗民情、社会发展产生深远影响,促进了社会的协调发展、改善了人民生活环境质量。但是,当前对人工植被的社会效益研究尚无量化评价系统。因此,本文对靖王高速公路人工植被社会效益只作定性分析,评价内容主要包括以下几个方面:

(1)有利于提高交通质量与安全,保护路基路面

靖王高速公路是国家公路网主干骨架“五纵七横”的重要组成部分,连接银川、太原、青岛等大中型城市的交通要道。而人工植被则是高速公路的生物保护屏障,不但能美化路容,还确保行车安全与质量,有利于当地丰富的矿产资源的输出,促进经济建设和社会发展。此外,人工植被还可以延缓路面老化、稳固路基,因此可以延长高速公路使用寿命,从而节约维护成本。

(2)有利于改善生态环境和提高人民生活质量

靖王高速公路人工植被带全长132.30km、绿化总面积475hm^2,可明显改善沿线及周边地区的生态环境,对防风固沙、保持水土具有重要作用,从而美化沿线及周边居民的生活环境,间接提高了人民的生活质量。另外,人

工植被促进高速公路交通功能的高效发挥,从而加快了物质和文化交流,增加了沙区人民生活用品及食品的数量与种类,进一步提高沙区人民的生活水平。

(3)有利于吸纳当地剩余劳动力,缓解社会就业压力

人工植被建设从整地、选苗、栽植到后期管理都需要大量劳动力,这有利于吸纳当地剩余劳动力,解决社会就业问题,对沙区人民福利和社会安全有着重要贡献。

(4)有利于引进资金,促进地区交流,加快经济发展

靖边县与定边县地处毛乌素沙地南缘,地下矿藏极其丰富,尤其是石油、天然气煤炭等资源长埋于地下,经过上千年的等待已成为让人期待的黑色黄金,只要有足够的资金就可以变成价值连城的财富。而人工植被建设改善了当地生态环境和社会生活环境、方便了交通,从而进一步优化了投资环境,大量的外地资金涌入当地,促进了社会经济的快速发展。方便与舒适的交通,还促进和协调了沙区与外地之间的经济、文化交流,从而进一步加快了社会经济与文化的全面和谐与平衡发展。

5.5 效益综合评价

综上所述,靖王高速公路人工植被生态效益和经济效益的年均替代价值总和为11 898.90万元,其中生态效益年均效益为11 446.07万元、经济效益年均产值为452.83万元;累积替代价值(至2007年)总和为29 747.25万元,其中生态效益累积价值为28 615.18万元、经济效益累积价值为1 132.08万元。

5.6 中国沙棘在公路绿化中的应用(案例1)

沙棘属植物广泛分布于黄土高原及其毗邻地区,中国沙棘占其资源总面积的85%以上,在区域生态环境治理和农村经济发展中起着积极作用。究其原因,中国沙棘不仅是优良的多用途树种(multiple purpose tree),又是典型的克隆植物(clonal plant)。具体说,中国沙棘侧根水平延伸能力很强,并能在水平延伸过程中产生大量的根蘖苗,从而使其具有极大的空间拓展能力[24],可从丘间地扩散到沙丘顶部、从沟谷扩散到沟坡、从林外扩散到林内,从而形成“独木成林”之奇观,因此在水土保持、防风固沙和治理砒砂岩中得到广泛应用[25],已经成为我国北方干旱、半干旱地区的主要造林树种。

近年来,随着我国北方干旱、半干旱地区高速公路事业的迅猛发展,中国沙棘逐步应用于边坡、平整带以及互通立交绿化,并以其适应性强、造林成活率高、生长迅速等优越性而逐渐受到人们的青睐。为进一步推动沙棘在公路绿化中的应用,本文从其生物生态学特性入手、结合靖王高速绿化实践,探讨中国沙棘在提高公路绿化生态效益和经济效益中的作用及其相关理论问题。

5.6.1 中国沙棘的经济价值

沙棘是优良的多用途树种,其果实、叶片等均具有很高的经济价值,可用于医药、食品、保健品及化妆品等生产领域。首先,沙棘富含多种人体所需的维生素和维持生命必不可少的20多种氨基酸以及微量元素,是许多饮料和食品工业的优良原材料。以沙棘嫩叶制成的茶叶,具有抗癌、消炎、降血脂、抗衰老等功效,与中国几个主要名茶(西湖龙井、庐山云雾、铁观音、南京雨茶)相比,沙棘茶叶的多酚及灰分含量最高、水浸出物及氨基酸的含量较低、咖啡碱含量最低[26]。沙棘还具有独特的医药和保健功能,沙棘总黄酮具有增加冠状动脉血流量和心肌营养血流量、降低心肌耗氧量、抑制血小板聚集等作用;维生素、总黄酮、多酚等具有抗过氧化和清除体内自由基作用,可以提高机体免疫能力并延迟衰老;黄酮类与多酚类及5-羟色胺等具有综合抗癌的成分,能够直接抑制癌细胞和阻断致癌因素;维生素、胡萝卜素、油酸甘油脂、脂肪酸等具有增强新陈代谢和促进损伤组织恢复的作用,可使组织再生和溃疡愈合[27,28]。其次,沙棘提取物制成的系列化妆品,无毒无刺激、使用安全、无过敏等副作用,具有营养皮肤、护发健美等功效,是一种较理想的天然营养、疗效型化妆品[29]。此外,还是优良的固氮树种,其根瘤除固定空气中的氮素外,还能促使土壤养分库中矿物有机质、难溶性无机化合物与有机化合物向有效态转化,有利于植物吸收利用、持续提高土壤肥力。

5.6.2 中国沙棘的生态功能

5.6.2.1 中国沙棘的水土保持功能

在以干旱贫瘠为背景的黄土高原和毛乌素沙地,洋槐和杨树这"一群羊"曾经漫山遍野,但由于生境条件和树种生物学特性的限制,"小老头"林比比皆是,生态功能低、经济价值不高。晋、陕、蒙等地近年的协作研究表明,沙棘不仅具有良好的适应性,而且拥有较强的水文功能,这与其自身的生物生态学特性有着密切的联系。其一,沙棘是一种生态幅较宽的树种,不仅能忍耐贫瘠、干旱、盐碱和践踏，而且可通过克隆生长（根蘖繁殖）形成茂密的群落，因此立木密度大、生物量高、枯落物丰富，能够有效地截留和拦蓄降水。研究表明，沙棘的树冠截留率、枯落物持水率显著高于油松、刺槐和山杏[30]。5 龄沙棘林枯枝落叶层的最大持水率为自身重量的 280.3%，可截持降水 8.91t/hm^2[31]。同时，枯落物还可以增强土壤的抗冲刷能力，其效应与自身的厚度成正比。在相同条件下，与无枯落物覆盖相比，枯落物 2cm 厚即可减少土壤冲刷 96.7%[32]。在黄土高原地区，7 龄沙棘林的枯落物厚度已达 2.0～2.5cm[33]。第二，沙棘根系特别发达，远距离延伸的水平根（萌蘖根）和垂直下扎的吸收根形成复杂而广泛的网络结构，并且通过克隆生长（串根萌蘖）形成繁茂的群落，能够有效地固结土壤、截留降水和拦蓄径流，从而提供土壤的抗冲刷能力。研究表明，3～5 年生的沙棘树高可达 1～1.5m，根系多达 430 条、总长达 68.5m[34]。而且，90% 的根系主要分布在 0～60cm 土层内。第三，沙棘通过根瘤固氮和枯落物分解等途径，提高土壤有机质含量、改善土壤结构，增强了土壤的抗蚀、持水和渗透能力。对 9 龄沙棘林的测定结果表明，其平均渗速（8.3mm/min）、稳渗速度（6mm/min）都比荒坡大 3～5 倍，到达稳渗的时间也长[33]。

5.6.2.2　中国沙棘的防风固沙功能

沙丘的活化与固定往往伴随着植被的消长，植被对沙丘的固定作用取决于侵入活动沙丘植物的“生态领域”（特定生态学过程所影响的时空尺度，即侵入植物所占据的空间大小及其延续时间）[35]。由于沙棘具有较大的生态领域，因而对提高流动沙丘斑块的植被盖度、增强环境的稳定性更加迅速有效。一方面，与非克隆植物和草本克隆植物相比，沙棘的克隆器官（萌蘖根）能跨越很大的空间尺度，可从丘间地扩展到沙丘顶部，从而在更大的范围内有效地固定流沙、降低近地表的风速和拦截空气中的风滚植物，并为其他物种的定居创造条件。胡建忠等在榆林地区毛乌素沙地考察中发现，栽植于丘间地的沙棘除本身形成优势群落外，还向邻近沙丘的顶部串根萌蘖，其萌蘖密度高达 2～3 株/m^2[36]，使人工造林难以成活的地段得到植被覆盖。另一方面，在演替过程中，沙棘种群的年龄结构由增长型经稳定型到衰退型，然后通过克隆生长调节实施林窗更新和林缘扩散，使种群结构恢复到稳定型[37]。这样的动态过程在不同斑块之间交替出现，使种群能够长期占据同一生境空间，从而持续地发挥防风固沙作用。当然，这种行为特征与非克隆植物不同，主要归功于克隆生长所赋予的“生理整合”与“觅养行为”。

5.6.2.3 防止红土泻溜及治理砒砂岩

砒砂岩广泛分布于陕、晋、蒙接壤地区，是黄河下游河道淤积粗沙的主要来源。由于气候干旱、岩石裸露、侵蚀剧烈，治理难度很大，特别是砒砂岩含粗沙多（直径大于0.05mm占80%～90%）、结构疏松、抗蚀性差、覆盖土层薄或无土层，种植其他树种难以成活，即便成活亦生长不良。经过多年的探索，沙棘在砒砂岩上奇迹般地生长起来，而且在裸露砒砂岩的沟坡、梁峁、沟底、河岸等处栽培均取得令人可喜的效果[38]。2～3年生的沙棘株丛高达50cm，5年生单株拥有根蘖苗13株，造林4年后即可郁闭[39,40]。目前，该树种已成为改变裸露砒砂岩生态环境的首选树种。此外，红土泻溜也是该区生态环境治理的难点之一。由于泻溜红土面土壤结构紧实、致密而粘重，因此透水性弱、导热性差，遇水膨胀、脱水龟裂。在天然裸露状态下，红土常因水热变化剧烈、含水量低而不稳造成干湿交替现象，使其产生密集交错的、呈核块状的裂隙。当雨水沿裂隙渗入红土时，这些核块即分散为碎屑而成为疏松土层，在重力、热力或风力等作用下沿坡面向下滑动，造成疏松层的不断剥落或流失[41]。此外，不断形成风化壳致使大多数植物难以固定扎根。胡建忠采用稳定坡脚—生物篱栏泻—栽植沙棘的方法，在泻溜面上试栽沙棘，获得了良好的治理效果。根据对位于泻溜坡脚的一条宽5m、长10m的沙棘林带调查，共拦截崩塌土体$70m^3$、泻溜坡也由原来的60°被改造为40°[42]。虽说靠近上坡的沙棘多被压倒或掩埋，但仍匍匐向坡上生长或产生根蘖苗，在防止红土泻溜方面发挥了显著的作用。

5.6.3 中国沙棘的克隆习性

所谓克隆生长（克隆繁殖）是指在自然条件下，植株通过无性方式产生具有潜在独立生存能力个体并进行空间拓展的过程[43,44]。植物依靠克隆生长所赋予的生理整合、觅养行为以及形态可塑性等实现资源共享，从而缓解资源在时空异质性上对种群稳定性造成的压力，因此很容易在水分条件较好的低湿滩地和河滩边缘、河旁阶地、丘间地等地段发芽生长并定居，然后以极强的根蘖能力实施种群扩散，迅速占据有利的生境空间，形成“独木成林”之奇观。而且，地上林木茂密、地下根系盘结，防护功能极强。在对靖王高速公路附近毛乌素沙地的调查中发现，中国沙棘的萌蘖密度高达398 000株/hm^2、生物量高达33.5t/hm^2[45]。由此不难看出，将沙棘应用于公路绿化必定有事半功倍的作用。

另一方面，虽说中国沙棘属于阳性树种，但依靠克隆生长所赋予的整合行为提高了资源利用效率以及自身的繁殖效率和生存效率，从而能够通过林窗更新、林缘扩散等途径维持群落的稳定性和持久性。因此，沙棘在我国北方干旱、半干旱地区，尤其是以干草原和荒漠为背景、生境异质性相当高的黄土高原、毛乌素沙地及鄂尔多斯高原（砒砂岩地区），中国沙棘通过克隆生长，不仅可以蔚然成林，而且能够长期占据同一生境空间。这正如 Silvertown 所指出的那样：种群基株死亡之后，植物可以通过产生克隆小株继续进行营养繁殖以维持或增加其大小。而且大量事实说明，许多克隆植物实际上已经找到了永生的秘诀。此外，沙棘还可以通过平茬萌蘖迅速恢复种群数量和结构。这些特性，增强了沙棘持续利用的可能性。

5.6.4 中国沙棘对干旱的适应

中国沙棘对干旱较强的适应能力可以从两个层次来理解。其一，中国沙棘通过克隆生长（串根萌蘖）将母株与萌蘖植株联结成一个整体，营养物质（尤其是水分）可以通过连接的萌蘖根在各个体之间转移，从而实现资源共享，这种现象被称为生理整合作用。同时，形体联结使相互连接的克隆还可以形成与环境异质性相适应的空间放置格局及形态特征，这种现象被称为觅养行为。克隆植物的生理整合不但能使处于资源丰富斑块的分株所吸收的物质与该斑块以外的其他相连分株共享，缓解资源空间异质性带来的压力。而且，其萌蘖根具有强大的储藏和吸收功能，可整合地缓解资源在时间和空间上的异质性，并从形态上整合地对环境异质性作出响应。胡建忠等在榆林地区毛乌素沙地考察中发现，栽植于丘间地的沙棘除本身形成优势群落外，还向邻近沙丘的顶部串根萌蘖，萌蘖密度达到 2～3 株/m^2，因此惊呼"如果说沙棘在丘间地生长良好是因为地下水位高的缘故，那么流动沙丘地沙棘种植后能够成活将给人们以新的启示"[36]。其实，这是因为沙棘通过克隆生长实施种群扩散，并依靠生理整合和觅养行为提高基株适宜度和分株存活概率的结果。其二，沙棘地上部分也具有旱生植物特征，如叶细长有蜡质层、叶背腹面和茎表有多层表皮毛、部分枝叶角质化、蒸腾系数低等特征[32]。必须指出，以前仅凭生理学特征理解沙棘的抗旱能力具有一定的片面性。

5.6.5 沙棘在高速公路绿化中的应用前景

由上述情况可以看出，沙棘如此广泛的用途、较高的经济价值以及较强的防护能力，其应用无疑可显著提高公路人工植被系统的经济效益和生态效益。同时，中国沙棘不仅可以适应干旱环境，而且能够通过克隆生长或平茬更新长期维持种群的稳定性，具备可持续利用的优点。因此可以预示，随着人们对沙棘多种用途和克隆习性认识的深入，它在公路绿化中的应用将越来越广泛。另一方面，如果人们掌握了沙棘克隆生长的调控技术，无疑会给沙棘的进一步开发利用创造辉煌的前景。例如，充分利用有利生境斑块或人工创造有利生境斑块进行稀植造林，然后在人工控制下进行定向扩散；通过环境因子的调控，有意识地促使某些构件的生物量积累，达到某种经济或生态目的；通过适宜的人为干扰，维持群落的稳定性和持久性以达到可持续经营之目的。

沙棘在高速公路绿化中的应用，为其他类似植物的开发利用提供了借鉴。在我国北方干旱、半干旱地区，环境条件恶劣、植物种类稀少等不利因素给公路绿化树种的选择带来了困难。但是，其周围地区可能不乏有待开发利用的优良植物种类。例如，沙棘作为多用途树种或克隆植物的代表，显示出许多植物无法比拟的优越性。沙柳、柽柳等树种同样具有这种克隆习性，紫穗槐、柠条等树种同样具有多种用途。因此，开展这些植物的基础研究和应用研究，将不断拓展干旱、半干旱地区公路绿化植物选择的领域，为公路绿化事业增添新的活力。

5.7 主要灌草植物在公路绿化中的经济价值（案例 2）

目前，绿化植物养护力度不够是高速公路管护中普遍存在的问题。事实上，高速公路绿化的各种植物不仅具有引导交通、生态防护和绿化美化功能，同时也具有相当高的经济价值。合理开发利用其中的经济价值，可使公路绿化植物的养护进入良性循环。因此，分析其中的经济价值，可为同类地区的公路绿化树种选择提供参考，也可为今后绿化植物养护的经济可行性分析提供依据。在靖王高速公路绿化中，其中也不乏具有开发利用价值的植物种类。例如，许多植物种类全身都是宝，根可固氮、树干成材、枝叶可做饲料、果能食用、内含物则可提取药用成分等等。

5.7.1 “三料”价值

5.7.1.1 为当地畜牧业提供饲料

饲料缺乏是靖王高速公路周边地区畜牧业发展的限制性因子之一，尤其是实行天然林保护和封草禁牧政策以后，舍饲养殖成为畜牧业发展的主导形式，饲料来源也成为重大问题。但是，靖王路绿化的许多灌草植物都是良好的饲料，通过修枝或平茬不仅可以促进灌草的生长和更新，同时可为当地畜牧业提供丰富的饲料，在一定程度上可以缓解农村饲料短缺问题。

由表5-9可看出，紫穗槐、沙打旺、丁香、柽柳等鲜枝营养丰富，富含粗蛋白、粗纤维、粗脂肪、粗灰分、无氮浸出物等，这些营养元素对家畜的生长发育都具有不同的重要作用[47-49]。而且，它们枝繁叶茂，树梢和叶子均可做饲草。尤其是冬季牲畜吃嫩梢及枯叶，可免除消瘦。早春又比其他牧草发芽早，是牲畜的良好"接口草"，对早春缓解干旱地区饲料短缺方面具有重要的意义。

主要灌草营养成分（%）　　表5-9

树种	粗蛋白质	粗脂肪	粗纤维	粗灰分	无氮浸出物
紫穗槐	6.63	0.48	4.43	1.28	9.18
沙打旺	16.40	0.16	28.30	/	/
丁香	3.19~4.88	2.02~3.22	16.20~21.35	/	/
柽柳	9.90~16.80	1.20~1.30	/	/	/

此外，柠条和沙棘还是优良的饲料添加剂。在奶牛的混合料中加入一定比例的柠条草粉，可降低10%左右的粮耗率和20%左右的生产成本，奶产量明显增加。以柠条草粉饲喂蛋鸡，不仅提高了产蛋率，而且"软皮蛋"和"无黄蛋"明显减少；当把沙棘叶和沙棘残渣作为补充饲料时，可使断奶仔猪增重9.38%~21.72%、奶山羊产奶量增加6.24%~6.88%，提高蛋鸡产蛋率8.1%~11.3%、产蛋量24.9%~28.7%，并能明显增加蛋黄中胡萝卜素含量、降低胆固醇含量[50]。

5.7.1.2　提高土壤肥力，改土肥田

靖王高速沿线的风沙土、黄绵土等养分元素比较缺乏，但靖王高速公路绿化的某些灌草本身就是一种很好的绿肥，不仅可以为当地提供一定数量的肥料，而且可以改善造林地的土壤条件。这些植物能形成根瘤固定空气中的氮，而且根系代谢旺盛、残根多，能迅速改良土壤的理化性质，提高土壤肥力；枯枝落叶中含有丰富的营养成分，进入土壤后能提高土壤中腐殖质及其组分和氮素营养的水平，提高土壤中有机质、速效氮和速效钾的含量，降低土壤pH和密度；根系发达，主根、侧根、毛根共同组成相互交错的根系网，促进主要根系层土壤重度降低、孔隙度和田间持水量增加，从而大幅度地提高了其改善土壤理化性能和水土保持的功能。

根据紫穗槐、柠条与羊粪、牛粪的养分含量对比（表5-10）可看出，紫穗槐、柠条的各种养分含量均比羊粪、牛粪高出1~3倍。用它们来沤制的绿肥，肥效高、经济实用，是开辟山区肥料来源、解决山区肥料不足、提高粮食产量的有效途径之一。

紫穗槐、柠条与常规肥料养分含量对比表 表 5-10

	风干物质养分含量(%)			每公斤干物质相当于化肥		
	N	P_2O_5	K_2O	$(NH_4)_2SO_4$	$CaPO_5$	K_2SO_4
紫穗槐	4.30	1.14	2.96	13.10	2.30	5.40
柠条	3.07	0.76	3.04	14.40	2.70	5.60
羊粪	1.69	0.69	0.66	8.00	2.50	1.20
牛粪	0.19	0.12	/	0.90	0.90	/

5.7.1.3 提供燃料

在靖王高速绿化植物中,许多种类耐平茬、萌蘖力强、生物产量高、火力强、耐燃烧、产量高,只要采取合理的经营措施,就可以成为"取之不尽、用之不竭"的生物质能源,为解决当地燃料问题提供新的途径。由表 5-11 的热值测定可以看出,紫穗槐、丁香、柠条的热值是原煤的 70%,比玉米秆的热值要高出 10%,它们均可作为当地农区的优质燃料。

灌草燃料热值比较 表 5-11

	热值(kJ/kg)	与原煤热值之比(%)
紫穗槐	19 011	0.71
丁香	19 065	0.71
柠条	18 726	0.7
玉米秆	16 482	0.62
原煤	26 744	1.00

5.7.2 药用价值

从古到今,枸杞、沙棘、柽柳、丁香、连翘、紫穗槐等都是珍贵的药材,广泛应用于中西医药。因此,对靖王公路种植的这些树种适当地采摘果实、枝叶用作药材,既可以修整树容又能为医药业发展提供原料。现代研究表明,枸杞含有蛋白质、脂肪、糖、钙、磷、铁、胡萝卜素、维生素 B1、维生素 B2、维生素 C、B-谷甾醇、14 种氨基酸等多种化学成分,具有补肾益精、养肝明目、润肺止咳之功效,主治目昏、眩晕、耳鸣、腰膝酸软、肺热咳嗽、糖尿病、高血压等;沙棘总黄酮具有加强心脏功能、提高机体免疫能力并延迟衰老、直接抑制癌细胞和阻断致癌因素、增强新陈代谢和促进损伤组织恢复、使组织再生和溃疡愈合等作用[27,28];柽柳和连翘具有保肝作用、抗炎作用、抗菌作用、解热镇痛作用等,也常用于治疗小儿寻常疣[51];丁香在临床上主要用于治疗细菌性痢疾和肠道传染病、扁桃体炎、上呼吸道感染、肝炎等;紫穗槐的根皮、种子、果实富含 40 多种化合物,其中多属黄酮类化合物,仅鱼藤酮类化合物就有近 20 种,因此在医药和保健上具有独特的功能,临床上主要应用于治疗烧烫伤、痈疮、湿疹[52]。

5.7.3 食用价值

秋季靖王公路两旁硕果累累，小小红果如红玛瑙般灿烂夺目。这些果实不仅装点了高速公路，同时其味美鲜甜、营养丰富，具有相当高的食用价值。沙棘果色泽艳丽、酸甜爽口、富含营养物，直接食用或用来制饮料、果酱都可以。现已研发生产的沙棘饮料有软饮料如果汁饮料、充气果汁饮料，硬饮料如甜型酒、半干型酒、汽酒、香槟、啤酒，固体饮料如沙棘晶、功能性饮料等。沙棘食品有果酱、沙棘冻、冰淇淋、明胶软糖以及沙棘黄色素。沙棘的嫩叶还可以炒制茶叶，它具有抗癌、消炎、降血脂、抗衰老等功效。枸杞的嫩茎叶含蛋白质3.9%，味道鲜美，是人们爱吃的蔬菜之一。同时，维生素A和维生素C的含量也很丰富。另外，还含有甜菜碱、维生素B1、B-谷甾醇、甘氨酸、丙氨酸、赖氨酸、酪氨酸等多种氨基酸，丁二酸、苹果酸等多种有机酸以及钾、钙、铁等，具有丰富的营养价值。现在已开发出各种果汁饮料、茶、粥、蜜饯、果酱、酱油、醋、酒及化妆品等。

5.7.4 保健美容价值

随着人们生活水平的提高，对生活质量和美的追求也日益增长，许多产业致力于开发各种各样的绿色保健美容产品，靖王路上的几个树种便具有此功效。应用沙棘提取物制成的系列化妆品，无毒无刺激、使用安全、无过敏等副作用，具有营养皮肤、护发健美等功效，是一种较理想的天然营养、疗效型化妆品。现已投入生产的有洗发香波、护肤霜、美容霜、浴液等。枸杞所含的各种丰富的维生素具有营养皮肤的作用，所含甜菜碱参与脂质代谢，抑制脂肪在肝细胞内沉积、促进肝细胞新生。选用枸杞食疗美容，既可治疗颜面部皮肤病，又能强身保健、美颜养颜、防止衰老，做到防治兼顾，非常适合现代健康美容的特点和要求，因而受到越来越多的消费者欢迎。丁香花香味浓郁，可提取芳香油，将丁香油及丁香的芳香气味物质进行收集可应用于化妆品工业[53]。连翘叶茶可显著降低MDA、MAO-B水平、增强SOD和POD的活性，具有明显的抗氧化及抗衰老作用[54]。其种子挥发油可制作香皂、化妆品等。

5.7.5 木材价值

柠条、紫穗槐、丁香等树种除了在医药和食品工业方面的应用外，还是优良的纤维制品原料。柠条是制浆和制作人造板的优质原料，化学成分主要是纤维素、半纤维素和木素。其中,纤维素以微纤丝形式存在形成细胞壁的骨架,而半纤维素和木素起填充作用使纤丝彼此联结起来;柠条的纤维素含量可达72.71 %,是制浆和制造人造板的优质原料[55]。紫穗槐枝条柔软细长、平滑匀称、性韧,是农业生产中筐、篮、箕、篓和工矿用笆材的好原料,也是很好的人造纤维或造纸材料。丁香木材纹理致密、坚硬,同时具芳香气味,有防虫、防潮、保温的功能,因此是制作高级箱柜及柄把的好原料;树皮和叶中含鞣质,可提取栲胶以供制革工业使用。

本章小结

高速公路人工植被除了交通辅助功能和社会效益外,还具有明显的生态效益和经济效益。靖王高速公路人工植被建设总面积475hm^2,2003 年冬季开始实施,如果从 2004 年起估算其效益,至 2007 年效益替代值累计达29 747.25 万元,其中生态效益累计价值为 28 615.18 万元、经济效益累计价值为 1 132.08 万元。在生态效益中,防风固沙和保土保肥效益所占比例最大,符合该地区风蚀和水蚀严重的特点,也说明植物种类选择和配置达到预期目的。在经济效益中,林副产品所占比例最高,说明今后林副产品开发利用潜力很大。

为了进一步了解绿化植物的生态和经济潜力,以主要绿化植物沙棘、柠条、紫穗槐等为例进行分析。结果表明,为了提高公路人工植被的经济效益,应重视多用途树种的开发利用;为了提高生态效应,应重视克隆植物的推广应用。克隆植物除了具有较高的生态防护作用外,它还可通过克隆生长调节或人工平茬长期维持种群的数量和结构稳定性,具备可持续利用的特点,因此今后要加强克隆植物在公路绿化中的应用力度。

参考文献

[1] 刘瑜,张阳,程继夏. 高等级公路绿化功能及评价方法研究. 西北建筑工程学院学报(自然科学版),2002,19(4):60~65.

[2] 陈麦侠. 高速公路的绿化. 陕西林业,1998,2:6~7.

[3] 樊巍,王广钦,李长来. 关于高速公路绿化几个问题的探讨. 1997,5:30~32.

[4] 韩玉峻. 公路绿化的作用及应注意的问题. 山西建筑,2003,29(11):131~132.

[5] 柳群义,隆威,唐军峰．高速公路绿化初探．西部探矿工程,2005,4:222～223.

[6] 刘桂林,张振卢,孟会标．公路绿化的现状与发展方向探讨．河北林果研究,2002,17(3):249～153.

[7] 王卫中,刘勇．高速公路绿化工程初探．黑龙江交通科技,2003,7:35～37.

[8] 林俊钦,叶渭贤,刘凯昌．澳门海岛重植林工程生态效益评价．中南林业调查规划,2002,21(4):49～51.

[9] 郭元涛．白石砬子地区森林生态效益的量化分析．辽宁林业科技,2004,6:27～29.

[10] 冷平生,杨晓红,苏芳,等．北京城市园林绿地生态效益经济评价初探．北京农学院学报,2004,19(4):25～28.

[11] 张三焕,朱哲,李京花．长白山森林生态效益资产评估研究——以汪清林区为例．资源科学,2002,24(6):74～79.

[12] 王秋贤,孙根年,任志远．渭北高原植被保土保肥生态效益的计量研究．资源科学,2002,24(5):58～63.

[13] 施庭有．楚雄州森林生态效益的初步估算．云南林业调查规划设计,1999,24(2):24～25.

[14] 薛达元．生物多样性经济价值评估．北京:中国环境科学出版社,1997.

[15] 辛颖,赵雨森．水源涵养林水文生态效应研究进展．防护林科技,2004,2:23～26.

[16] 周晓峰,赵惠勋,孙慧珍．正确评价森林水文效应．自然资源学报,2001,16(5):420～426.

[17] 榆林地区计划委员会．榆林国土资源．西安:西安地图出版社出版,1988.

[18] 吴晓芙,胡日利．林木施肥研究．中南林学院学报,1995,15(1):1～8.

[19] 张丽,李敏．沙棘放牧利用经济效益浅析．沙棘,1996,9(1):29～31.

[20] 高桂荣．建平县沙棘资源的开发利用．资源开发与市场,2003,19(6):400～401.

[21] 袁宝财,达海莉,李晓瑞．宁夏枸杞的生物学特性及开发利用前景．河北林果研究,2001,16(2):151～153.

[22] 杨丽文,何秉宇,黄培佑,等．和田河流域天然柽柳灌木林生态价值评

估．中国沙漠,2005, 25(2):268 ~ 274.
[23] 李银芳,阿迪力吾彼尔,吾满江艾力,等．沙枣林产品的开发利用现状．防护林科技, 2005,1:80 ~ 81.
[24] 高志义,张玉胜．沙棘根系特性的观察与研究．北京林业大学学报,1989,11(4):53 ~ 59.
[25] 贺斌,李根前,徐德兵,等．沙棘克隆生长及其生态学意义．西北林学院学报,2006,21(3):54 ~ 59.
[26] 许慕农,等．沙棘茶的功效及炒制工艺．中国水土保持,1989,(3):44 ~ 46.
[27] 徐铭渔,等．沙棘的医药研究和开发．沙棘,1994,7(1):32 ~ 39.
[28] 周远鹏,等．沙棘的医疗保健功能及其应用．沙棘,1991,4(2):35 ~ 41.
[29] 仲崇菊,等．沙棘系列化妆品的疗效观察．国际沙棘学术交流会论文集．西安:国际沙棘学术交流会秘书处,1989.
[30] 邵云．沙棘人工林水土保持效益分析．辽宁林业科技,1995,(4):62 ~ 64.
[31] 吴钦孝,等．陕北黄土丘陵区沙棘林凋落物及其动态研究初报．沙棘,1994, 7(2):24 ~ 26.
[32] 赵鸿雁,等．黄土高原沙棘林水土保持功能研究．沙棘,1996, 9(2):29 ~ 33.
[33] 王占孟．沙棘改良土壤、保持水土、改善生态环境的效应．沙棘,1994, 7(3): 14 ~ 18.
[34] 莎仁图雅,武来才,李成志．沙棘是治理水土流失和防风固沙的首选树种．内蒙古林业,1999,6:32.
[35] 陈玉福,董鸣．毛乌素沙地群落动态中克隆和非克隆植物作用的比较．植物生态学报,2002,26(3):377 ~ 380.
[36] 胡建忠,包文林,李敏,等．毛乌素沙地南缘陕甘三县市沙棘种植情况考察报告．沙棘,1995,8(4):13 ~ 16.
[37] 李根前,黄宝龙,唐德瑞,等．毛乌素沙地中国沙棘无性系种群年龄结构动态与遗传后果研究．应用生态学报,2001,12(3):347 ~ 350.
[38] 李根前,唐德瑞,赵一庆．沙棘群落生态学研究概述[J]. 水土保持学报,2000,14(5):63 ~ 67.
[39] 高志义,等．利用沙棘治理砒砂岩地区的实践和今后的建议[J]. 沙棘,1993,6(2):37 ~ 40.

[40] 张书义,等．发挥沙棘的生态功能治理砒砂岩地区[J]．沙棘,1990,(3):8~10.

[41] 王玉惠,田存信．红土惨重裸露的里仁沟小流域治理及效益[J]．中国水土保持,1994,12:47~49.

[42] 胡建忠．以营造沙棘为核心综合治理红土泻流侵蚀的方法及效益分析[J]．沙棘,1992,5(4):13~17.

[43] Silvertown, J. W. Introduction to plant population ecology [M]. London and New York: Blackwell Scientific,1982:108~120.

[44] de Kroon H , van Groenendael J. The Ecology and Evolution of Clonal Plants[C]. Leiden : Backhuys Publishers,1997:1~20.

[45] 李根前,黄宝龙,唐德瑞．毛乌素沙地中国沙棘无性系种群林缘扩散规律[J]．南京林业大学学报,2001,25(3):9~13.

[46] 李根前,唐德瑞,赵一庆．沙棘的生物学与生态学特性[J]．西北植物学报,2000,20(5): 892~289.

[47] 左忠,王金莲,张玉萍,等．宁夏柠条资源利用现状及其饲料开发潜力调查[J]．草业科学,2006,23(3):17~22.

[48] 芦满济,杜福成．杨志爱,等．冷温半干旱黄土丘陵区荒坡沙打旺的种植条件和生产力研究[J]．中国草地,1994(4):21~28.

[49] 王印川．紫穗槐及其经济利用价值[J]．山西水土保持科技,2003,(3):21~23.

[50] 刘绪川,等．沙棘叶及沙棘果渣毒理学试验和对畜禽生产性能的影响[J]．沙棘,1989,2(3):25~29.

[51] 杨建雄,刘静．连翘叶茶保肝作用的实验研究[J]．陕西师范大学学报(自然科学版),2005,33(3):83~85.

[52] 李坤,刁云鹏,姜泓,等．紫穗槐果实提取物的保肝作用研究[J]．中医药学刊,2006,24(2):272.

[53] 白明霞,祝长龙．丁香芳香气味物质的收集与测定[J]．吉林科学院学报,1999. 15(1):53~55.

[54] 杨建雄,刘静,李发荣,等．连翘叶茶抗氧化抗衰老作用的实验研究[J]．营养学报,2004,26 (1):65~67.

[55] 张海升,高晓霞．柠条材的构造、纤维形态及化学成分的分析研究[J]. 内蒙古林学院学报(自然科学版), 1997,19(1):41~45.

第六章 主要树种造林技术

6.1 沙棘

沙棘(Hippophae spp.)属落叶灌木或小乔木,又名醋柳、黑刺、酸刺,广泛分布于黄土高原及其毗邻地区,自然生长于丘陵沟壑区的阴坡、半阴坡、河谷两侧以及河漫滩等地带,呈大面积、团块状分布,常常成为以上生境的优势树种。

6.1.1 利用价值

沙棘属植物具有多种医药保健作用和重要的经济价值,在世界各地引起了特别关注,吸引了许多领域的学术专家和公司企业,共同合作并开发利用沙棘资源,其经济价值集中体现在以下几个方面:

6.1.1.1 沙棘的医药用途

沙棘总黄酮具有加强心脏功能、提高机体免疫能力并延迟衰老、直接抑制癌细胞和阻断致癌因素、增强新陈代谢和促进损伤组织恢复、使组织再生和溃疡愈合等作用。沙棘油、沙棘汁等提取物在医药上已得到了广泛应用,主要包括:①治疗缺血性心脏病和高血脂症,如沙棘黄酮片;②抗炎和抗辐射损伤,如治疗胃和十二指肠溃疡、宫颈糜烂、子宫颈内膜炎以及烧伤、烫伤、冻伤和刀伤等,药物有复方沙棘油栓、沙棘浸膏、沙棘胶囊以及治疗慢性支气管炎的咳乐;③可作为治疗癌症的辅助药物;④研制保健药物,如沙棘油、沙棘冲剂、沙棘干乳剂[1]。

6.1.1.2 沙棘在饮料、食品及化妆品生产中的应用

目前,生产的沙棘饮料有软饮料如果汁饮料、充气果汁饮料,硬饮料如甜型酒、半干型酒、汽酒、香槟、啤酒,固体饮料如沙棘晶、功能性饮料等。沙棘食品有果酱、沙棘冻、冰淇淋、明胶软糖以及沙棘黄色素。应用沙棘提取物制成的系列化妆品,无毒无刺激、使用安全、无过敏等副作用,具有营养皮肤、护发健美等功效,是一种较理想的天然营养、疗效型化妆品[2]。现已投入生产的有洗发香波、护肤霜、美容霜、浴液等。

6.1.1.3 沙棘叶的饲用价值及沙棘叶茶研制

沙棘叶是优良的饲料或饲料添加剂，当把沙棘叶和沙棘残渣作为补充饲料时，可使断奶仔猪增重 9.38% ~21.72%、奶山羊产奶量增加 6.24% ~6.88%，提高蛋鸡产蛋率 8.1% ~11.3%、产蛋量 24.9% ~28.7%，并能明显增加蛋黄中胡萝卜素含量、降低胆固醇含量。沙棘的嫩叶还可以炒制茶叶，它具有抗癌、消炎、降血脂、抗衰老等功效。许慕农等曾研制出沙棘绿茶、沙棘红茶、茉莉沙棘茶、珠兰沙棘茶及玉兰沙棘茶，经毒性试验初选合格。

我国目前有各类沙棘企业 300 多家，产品 200 多种。其中，沙棘饮料厂 150 多家，年产值约 1 亿元；生产沙棘油的企业有 10 余家，年产值约 1 000 万元。如果加上其他沙棘产品，其总产值 10 亿多元人民币，年上缴利税上亿元[3]。

6.1.2 生态学习性

沙棘自身的生物学特性使其理所当然地成为黄土高原水土保持和防风固沙的优良树种。单从外部形态结构看，它便具备了典型的旱生植物特点：枝条上有大量的棘刺和顶端带刺的侧枝；叶片窄小，叶表呈灰绿或银灰色，密被银白色鳞片，防止强光灼伤；气孔多而小、深陷，并有大量星状毛覆盖，能够有效地控制水分蒸发；沙棘表皮外有一层很厚的角质层，外被蜡质，表皮细胞外壁比较厚，角质化并有角质层，皮层外边的细胞不仅小而且排列整齐、紧密；地上部机械组织发达。从它的解剖结构看，整个植物的表面积与体积比比较小，在干旱少雨季节沙棘植株失水量相对较少。

沙棘根系具有两重性特点，它的垂直根系一般可向地下深扎 2 ~3m，具有深根性特征；侧根或不定根向四面水平扩展，长度、粗度常常超过主根并在地表层 0 ~40cm 形成根系密集层，故又具备浅根性树种的特征。有人称沙棘根系为“万能根”，也是说它的可塑性很强，不同类型根系取决于它生活环境的土壤水分状况。另外，沙棘根系还有极强的根蘖能力，当地群众都时常感叹它们蔓延迅速、生命力顽强。更为可贵的是沙棘是非豆科木本固氮植物，它的根系与 Frankia 放线菌共生成固氮率较高的根瘤，可提高土壤肥力。

6.1.3 育苗技术

沙棘种子小、皮厚而硬，并附油脂状棕色胶模妨碍吸水，顶土能力差，幼苗孱弱，因此育苗需特别注意以下几点：

6.1.3.1 种子处理

春播要做好浸种催芽。一般在播种前15天左右，将种子用40~60℃的温水浸泡1~2天，再混沙处理，待有30%~40%的种子裂嘴时，即可播种。

6.1.3.2 选地、整地和施肥

育苗地应选择地势平坦、土壤肥沃、灌水方便、排水良好的轻沙壤土最为适宜。育苗地应在前1年秋深翻20~25cm，并要及时耙碎土块，以利保墒。在次年早春结合施肥还要进行浅翻、耙平，使粪肥与表土混合均匀。施肥量可根据土壤肥力和粪肥质量确定，一般施厩肥或堆肥37~45t/hm^2。

6.1.3.3 作床、作垄

在较干旱、水利条件较差地区可采用平床播种。床宽一般1m，长短可根据地势确定。在土壤较粘重、排水较差的圃地，适宜做高床，床宽1~1.2m。长短根据地势确定。步道宽20cm。为了便于起苗和管理，亦可采用大垄播种，垄底宽60~70cm、垄面30cm、垄高15~20cm。

6.1.3.4 播种育苗

春季适时早播，当土层5cm深处温度达9~10℃时，种子就可以发芽，14~16℃时最为适宜。一般在4月中下旬播种为宜，播种量为75kg/hm^2左右。

播种方法：在播种前5~6天把床和大垄先灌足底水，待表面阴干时，即可播种。

床播：每隔10~20cm顺床开2~3cm深的长条沟进行播种。

垄播：顺垄向，在垄面开2~3cm深的2条长沟进行播种。

播种后及时覆土，厚1cm左右。

6.1.3.5 抚育管理

播种后适当灌水，1年生幼苗灌水4~5次，及时松土除草，并可于6~7天追施速效氮肥1次，施肥120~150kg/hm^2。当年间苗1~2次。第1次在幼苗长出真叶后拔去病株、弱苗，第2次在第1次间苗后15~20天进行定苗，留苗15~20株/m^2，间苗后应及时灌水松土。

6.1.4 造林技术

6.1.4.1 播种造林

选土壤水分条件较好的沙质壤土地作为造林地，春季、雨季、秋季均可播种。一般多在4~5月份，趁透雨后抢墒播种。雨季播种宜在雨季前期，过迟幼苗越冬困难[4]。整地方法因地而异，撂荒地多采用机械或畜力全面翻地，撒种后进行耙耱，播种量 22.5 ~ 37.5kg/hm^2；在降水量较多且又比较平缓的地块，可浸泡种子 1 至 2 昼夜，用畜力条播机播种；在水分条件较好而无杂草丛生的河滩、沟谷阴坡，可直接播种；如杂草过多，宜采用穴播，或进行窄带整地后播种。在荒坡上播种造林，管护和抚育非常重要，要及时防止牲畜践踏。

6.1.4.2　植苗造林

在干旱荒坡要做好提前整地和蓄水保墒工作，春、秋季均可造林。由于沙棘苗发芽较早，春季要适时栽植，一般土壤解冻 20 ~ 30cm 时就可进行。选用 1 ~ 2 年生苗，高 0.3 ~ 1m 左右为好，根长保留 20 ~ 30cm。适当深栽，埋土一般要比原土印深 5cm 左右。也可以栽后截干。植苗造林的株行距根据造林目的确定。

6.1.5　病虫害防治

6.1.5.1　沙棘干枯病(Fusarium sp.)

症状表现有两种：一种是个别枝条叶片发黄、脱落，最后枝条死亡；另一种是整个植株叶片首先发黄，然后枯干，最后整株死亡。干枯的原因主要是沙棘植株感染了镰刀菌属的土壤寄生菌。用甲基托布津和多菌灵，采取灌根、主干注射方法均可取得一定成效。

6.1.5.2　蛀干害虫

主要的蛀干害虫有红缘天牛(Asias halaldendri Pallas)、芳香木蠹蛾(Cossus cossus Linnaeus)等，主要以幼虫危害树干基部。红缘天牛、芳香木蠹蛾已成为很多地区沙棘人工造林的毁灭性害虫，这两种害虫对和平共处衰弱的沙棘为害尤其严重。

防治方法；在加强沙棘园综合管理、提高树势、增强植株及群体抗性的同时，采用氧化乐果、对硫磷、甲基硫环磷等药物，在成虫期喷雾、幼虫为害期注射的综合防治措施，防治效果可以高达 95% 左右。

6.2　紫穗槐

紫穗槐(Amorpha fruticosa)为落叶丛生灌木，又称棉槐、穗花槐、紫苹槐，是一种优良的肥料、饲料、燃料树种，常用于公路绿化、保持水土、盐碱地改造。

6.2.1　利用价值

紫穗槐经济价值较高，用途广，是一种优良的肥料、饲料、燃料、编织及保土固沙、改良土壤的理想树种。经分析紫穗槐茎叶含 N3.02%、P0.68%、K1.81%、每 500kg 嫩枝叶含 N6.6kg、P1.5kg,约等于 33kg 硫酸铵、7.5kg 过磷酸钙、7.9kg 硫酸钾,或 200kg 人粪干、100kg 豆饼的氮肥肥效。它所含的氮磷钾总肥量,约等于紫云英的 2.8 倍,紫花苜蓿的 2.3 倍,草木樨的 3.2 倍。紫穗槐每 1 000kg 风干叶含粗蛋白 23.7 ~25.0kg、粗脂肪 31kg,是优良的饲料;其枝条柔软,是编织筐篓的好材料;荚果含有多种芳香油,是食品工业和化学工业的优良原材料。紫穗槐根系发达,含有根瘤菌,1 株 2 年生的植株含有根瘤 300 ~400 个,能迅速改变土壤理化性质,提高林地的透水性和持水性。在盐碱地(含盐量 0.3% ~0.5%)种植紫穗槐或施紫穗槐绿肥 2 ~3 年后,可使地表 10cm 土层内含盐量下降 30% 以上[4,5]。它的水土保持效益也很显著,2 年生的紫穗槐护坡林,可减少 73.6% 的径流量及 62.7% 的冲刷量;树冠能承接 20.6% 的降雨;枯枝落叶的持水量为本身重量的 3.32 倍,其枯枝落叶可阻水 6.62t/hm^2;栽后 5 年能淤土 8.7 ~9.8cm[4-6]。因此,大力种植紫穗槐,对于迅速改变西北地区的生态条件和自然环境,促进农村脱贫致富和可持续发展都具有极为重要的意义[7]。

6.2.2 生态学习性

紫穗槐原产北美,主要分布在美国东南部、中部和大西洋彼岸,南至墨西哥一带。20 世纪 20 年代引入我国上海,30 年代又由日本引入我国的东北和华北。现主要分布于东北、华北、西北以及长江、淮河流域的广大平原和四川盆地,在海拔 1600 m 以下的丘陵山地均有栽培,尤其在黄河、淮河、辽河等流域的平原地区生长良好。

紫穗槐适应性很强,抗旱耐寒,在年降水量只有 93mm、蒸发量达 2000mm 以上的新疆精河地区以及地面最高温度达 74℃的腾格里沙漠东部边缘也能生长。在沙层含水量约 2.7%、干沙层厚 30cm 的生境也能适应,在 1 月最低平均气温 -25.6℃时,生长仍正常。在极端最低气温 -30℃、冻土层达 1.2m 时,枝条虽然被冻枯,但仍能从根际萌发新株。同时,它也具有很强耐湿特性,根据在三门峡库区的观察,整个植株被水淹没 45 天也不死亡[5]。

紫穗槐是喜光树种,如在郁闭度 0.85 的白皮松林或郁闭度 0.7 的毛白杨林下,虽然能生长但很少开花,在郁闭度 0.7 以上的刺槐林中不能生长。紫穗槐对土壤要求不严,但以沙壤土上生长较好;能耐中度盐碱,在土壤含盐量 0.3% ~0.5% 的条件下也能生长。耐沙埋、风蚀的能力强。紫穗槐病虫害很少,并有一定的抗烟和抗污染的能力。

紫穗槐生长快,耐平茬、萌芽力强,枝条茂密,根系发达。在一般情况下,当年高生长1m以上,次年就能开花结果。

6.2.3 育苗技术

6.2.3.1 圃地选择

育苗地以地势平坦、土层较厚、土质肥沃、灌水方便的中性沙土为好。如以沙性较大或黏性强的土壤作育苗地,应增施有机肥料,以改良土壤、增加肥力。育苗地应进行秋耕,第二年春季施足底肥后再翻耕,然后整地育苗[8-10]。

6.2.3.2 种子处理

由于种子荚果皮含有油脂,不易吸水,发芽困难,因此播种前必须进行种子处理。处理方法一般采用两种:

(1)热水浸种法:将种子倒入40~50℃的温水中,然后充分搅拌。一般浸种需要3~4天,在水温低时有时浸种长达6~7天种子才能吸水膨胀,中间最好换一次水。当有2/3的种子吸水膨胀时,捞出放在室内或温暖的地方,厚度以30~40cm为宜,上面盖上湿麻袋每天翻动1~2次,大约需要4~5天种子开始裂嘴,发芽达到20%时开始播种。

(2)碾压法:把种子摊放在石碾上,厚度5~8cm,边压边翻动,待有60%~70%种子已去掉荚皮,用温水浸种24h左右,有2/3的种子吸水膨胀后捞出来,放在室内或温暖的地方按前一种方法进行催芽。一般用种25~30kg/亩[8-10]。

6.2.3.3 整地与播种

圃地每亩施用硫酸亚铁10~15kg、过磷酸钙40~50kg、尿素或二铵30~40kg。深耕20~30cm做成苗床,床宽1.5~2.0m,播种时间一般在4月中下旬。播种方法有三种:

(1)床内先浇水,第二天可进行条播,一般行距20~30cm、沟深2cm左右,覆土后第二天用脚顺着播种行踩一踩,让土种密切结合。

(2)先开沟播种后浇水,过两天后,土壤不粘时耙一遍以疏松地面不致板结,容易出苗。

(3)落水播种。先将床内耙松的表土刮出去放在床外,然后向床内放水,待水快渗完时将种子均匀撒在床内,然后将刮的土覆盖在上面,这种方法较前两种效果好,覆土厚度一般为1~2cm。

6.2.3.4 苗期管理

播种后一般4~10天开始出苗。苗高2~5cm时进行间苗,每亩留苗

8~10 万株,苗高可达 60cm、地径可达 0.3cm 以上。如果需要高标准苗木,每亩留苗 4~5 万株,苗高可达 80cm、地径在 0.5cm 以上。苗木生长期,可灌水 2~4 次,每次灌水时可追施尿素 5~8kg,灌水后要及时松土、除草,8 月份停止水肥。

6.2.4 造林技术

紫穗槐造林方法很多,因地制宜地采用植苗、插条、直播、分根等方法,一年四季都可以进行,造林前应根据立地条件进行穴状或带状整地。无论黄土丘陵或沟壑在 55°~77°的陡坡上,造林成活率达 90% 以上,生长良好。因此,它是退耕还林的好树种[5,10-13]。

6.2.4.1 植苗造林

紫穗槐适宜在西北沙区沙荒造林,在秋季地冻前或春季解冻后进行。采取截干单植或丛植,留茬 2~3cm,栽植时要注意根系舒展,填土踩实。在风沙区或易受冻害的地方,冬季栽植后要埋上土堆,以利于成活。有条件时栽植后灌水 1 次,亦可雨季造林。

6.2.4.2 插条造林

一般适用于梯田地埂、台田沟坡、河滩等土层深厚的地方。春、秋季节均可进行,以秋季成活率较高。选择粗壮的干枝作插条,长 30~80cm 左右,同时要注意保护好芽苞。插条造林有两种方法:一是墩形插条法,即在挖好的穴内的四角分别插植 4~5 个插条,一般深度 30cm 左右,插条上端与地面齐平。二是犁沟压条法,即按 1~1.5m 的行距,一边犁沟(宽 10~15cm)、一边斜插入长 50~80cm 的插条[5,10-13]。

6.2.4.3 分根造林

冬季或春季,选择生长健壮根盘发墩较大的灌丛,挖取一部分根蘖分株移栽,栽法同植苗造林。在陕西,飞机播种也获得较好的效果。

6.2.4.4 造林密度

造林密度因目的的不同而异。一般每亩 300~400 株(穴);以采种、采条为目的栽植可稀些,每亩 200~300 株左右;以防风固沙保持水土、改良土壤、割取绿肥或烧柴为目的可密一些,每亩 440 株(穴)左右。

6.2.4.5 混交造林

紫穗槐能耐一定的庇荫,是良好的混交灌木树种,可与油松、侧柏、刺柏、白榆、杨树、沙柳等混交,效果较好。混交林比纯林收益早,效益高。如与杨树混交,当年每亩可收编条 300kg,5 年生紫穗槐与沙柳混交林地肥力较沙柳纯林提高 36 倍,是防止沙柳病虫蔓延,甚至造成毁灭性灾害的一种有效措施。

6.2.4.6 抚育管理

以收割枝条为目的的紫穗槐林，在造林的第1年平茬后，可适当地在行间进行林粮间作，要及时进行松土、除草、施肥等措施，促进幼树生长发育。第2~3年，要在平茬后适时培土，扩大树盘，争取多萌芽多发条，并使芽旺条壮。土壤瘠薄的林地，第1次平茬后，暂停1~2年割条和翻地措施。在风蚀沙荒地上的紫穗槐林，平茬时要保留30%~50%的紫穗槐不平茬作防护林带，实行隔带、隔行平茬的轮割法，平茬次数可适当减少[5,10-13]。丘陵山坡地应沿水平等高方向，进行隔行平茬，1年采割1次，割前施1次绿肥。

6.2.4.7 主要病虫害防治

苗木主要受金龟子和象鼻虫危害，但一般很少发生或发生也很轻，用90%敌百虫或马拉松乳剂500倍液毒杀即可。

6.3 沙柳

沙柳(Salix psammophylla)，又叫西北沙柳或北沙柳，柳属(Salix L.)、杨柳科(Salicaceae L.)，是我国干旱半干旱地区分布广、用途多、经济效益高的生态经济型树种之一。作为沙区重要的植物资源，沙柳具有多种利用价值。除防风固沙作用外，可以进行柳编，为牲畜提供饲料，为牧民生活提供燃料，还可以为造纸、生产刨花板、中密度板、纤维板提供原料等[14,15]。

6.3.1 利用价值

沙柳利用价值高，其枝条绵、软、细长，去皮后洁白并具有光泽，为纺织和出口柳编的优良原料，颇负盛名，远销国外；沙柳嫩枝鲜叶营养价值高，是良好的牲畜饲料；叶亦可供压绿肥，枝干易燃，是干旱地区良好的薪材；枝条可用于筑篱，编排柳栅，挂淤防洪，结扎风墙，建筑简易房屋及牲畜栅圈等。沙柳适应范围较广，生长迅速，可作为木材奇缺的西北沙区发展纤维板的良好原料[16]，其皮可提取鞣料制革，皮、根皆可入药。

6.3.2 生态学习性

沙柳为落叶灌木。树皮红褐色或火红紫色，分枝多，枝纤细柔长且下垂。枝条红褐色、紫色或橙黄色，叶短小，鳞片状，鳞叶长0.5~2mm。中状花序合成圆锥花序，花期5~8月，花粉红色或紫红色。种子成熟期7~9

月,蒴果分裂,种子顶端具有无柄的簇生毛。需及时采种,否则果实开裂,种子飞散。

沙柳同时具有旱生植物的特征,肉组织均有栅栏薄壁细胞,因无海绵薄壁组织细胞,且栅栏细胞排列紧密,微管束极为发达,气孔凹陷;其根深在2.5~7m之间,根幅在6~8m间,沙埋后,仍能顽强向上生长,主根可达20m,根幅度可扩展到13~15m,延伸到潜水层。因此,生态幅度很宽,能抗冬季零下30℃低温和夏季地表69℃高温,在含水2%左右的沙性土壤中即可生长,1.3%时枝叶顶出现萎蔫,低于0.6%后才致死亡。沙柳抵抗高温的途径是靠叶面蒸腾水分,降低自身体温来增强抗热性。

6.3.3 育苗技术

6.3.3.1 采种

沙柳千粒重仅有15mg,种子长度0.4~0.5mm,1g种子为6000粒左右。由于种子小,果熟期不一,给采种带来一定困难。一个大圆锥花序上往往是下边果实成熟、中间为幼果、上面正在开花,而最上端花蕾还正在形成,所以应做到边熟边采种,待少数果实开裂和较多果实变为黄色时,抓紧采种。采种时选择生长旺盛,花枝繁茂的植株采收果实。如当年播种育苗可随采随晒,待果实开裂后,去掉小枝等杂物即可播种,要做到尽量早采早播。如果留作隔年育苗用,可于采种后阴干或晒干,然后装入袋内存放于干燥通风处。

6.3.3.2 育苗

(1)播种育苗

选地:育苗地应选择地势平坦,有灌溉条件、疏松、较肥沃的壤土或沙壤土作为育苗地,有条件的可多施基肥。

作床:多采用带有引水沟的平床。床面长5~8m,宽2m,中间开一条深15~20cm的引水沟,灌水时,水从引水沟漫到床面上。

播种时间:春、夏季均可播种,以春播为好。

播种方式:采用水面落种法,将水慢慢引入苗床,灌满后堵住水口,按每平方米10g带果壳及绒毛的播种量,均匀撒在水面上,然后用铁锹慢慢拍打漂在水面上的种子,使其浸入水中,水面降落后,再在上面撒薄薄一层细土或粉沙,10天内每隔2~3天小水漫灌一次。播后3天大部分发芽出土,10天后主根扎入土中0.7~1.0cm,此后可进行大水漫灌,灌水次数逐渐减少。当苗木进入生长末期每平方米保苗500余株,当年苗高平均50cm以上,最高80cm左右,当年可出圃造林[15]。

(2)扦插育苗

整地:在造林前一年7月进行深耕,使杂草埋入土中,随耕随耱,土壤才能储存大量水分。

选穗:在深秋树木落叶以后、翌春萌芽以前进行,选取生长健壮、无病虫害、粗0.6~1.0cm的1~2年生枝条作为穗材。秋插应随采随插,春插应用细沙将穗条埋入窖内储藏。

扦插:切穗的原条随取随切,插穗长30~40cm,每个插穗要有2个芽。行距40cm、株距10cm,插后每隔10天灌水一次,成活率可达90%以上。当年苗高1~1.2m、地径0.8cm时即可出圃。

6.3.4 造林技术

沙柳适宜在地下水位较高,土壤轻度和中度盐渍化沙地造林[4]。

6.3.4.1 植苗造林

整地:在造林前一年的伏天进行穴状整地,穴的规格为30cm×30cm,行距2m、株距50cm,沙化地随整地随造林。

壮苗保湿:选用一二级苗木,并在起苗前充分灌足水,运输途中适时洒水,栽植前浸苗吸饱水,栽植时苗木不离水(带桶装苗、苗浸桶内),假植按时灌水。

精细栽植:采取"三埋两踩一提苗"的方法,扶正苗木,使根系舒展,分层填土,先填表土,后填心土,层层踩实。踩实是整个栽植的关键,否则根系难以与土壤接触萌生新根,易透风漏气,根系土壤水分蒸腾,影响成活。

6.3.4.2 插条造林

插条造林时,选用1cm粗的1年生枝条,截成30~40cm长的插穗,于春季扦插。插前先整好地,行距1~1.5m、株距20~30cm,将插穗直立于坑内,回填土一半踩实,再填至与苗条平踩实,做到深埋、少露、踩实。插后马上灌水,发芽前7~10天灌水一次,发芽后半个月灌水一次。

6.3.4.3 平茬更新

沙柳高生长主要集中在前3年,以后生长变慢,但一经平茬又会重新旺盛生长,萌条数量也会增多。因此,及时平茬更新不仅可以提供种条、燃料和编织材料,还可以促进生长、扩大灌木丛的覆盖面积,从而增强固沙效果。一般以3年平茬1次为宜。在平茬时应注意以下几点:

(1)平茬应在沙柳停止生长后或在翌春萌动之前实施。

(2)流沙地区沙柳平茬,切忌成片进行,应采用隔行或隔丛平茬,逐年交替进行,这样既不影响固沙效果,又能达到更新的目的。

(3)沙柳配置于防护林两侧时,应隔年交替进行一侧平茬,避免两侧同年进行。

6.3.4.4 抚育管护

造林后严禁放牧,及时松土除草,有条件的地方视土壤墒情适时灌水,2年后秋末可开始割条。

6.3.5 病虫害防治

为害沙柳的主要病虫害有柳天蛾、柳尺蠖、柳金花虫、金龟子、柳大蚜、杨柳烂皮病。防治方法如下:

(1)当柳天蛾入地化蛹和幼虫进入中龄以后,结合抚育,人工挖蛹和捕杀幼虫,对金花虫可利用其假死性,振落捕杀。

(2)幼龄期,喷洒25%滴滴涕乳液,或25%滴滴涕200倍加80%滴滴畏300倍混合液,或25%滴滴畏加40%乐果各200倍混合液,消灭柳天蛾、柳尺蠖幼虫,兼杀金花虫幼虫、成虫。在5~6月用50%马拉松乳剂或25%亚胺硫磷各800倍液,喷洒金花成虫、幼虫。

(3)可以利用天敌防治,重点保护柳尺蠖的天敌——瓢虫、白颈乌鸦、沙和尚等。

(4)杨柳烂皮病的防治,可通过对种条进行严格检疫、营造混交林、及时平茬、排涝抗旱等加以预防。必要时也可在早春病菌活动前,刮去病斑,涂刷10%碱水或95%苛性钠200倍液或1:1:1.5的波尔多液。

6.4 柽柳

6.4.1 利用价值

柽柳(Tamarix austro-mongolica),又名红荆条,是盐碱地造林的优良先锋树种,既能防风、固沙、护岸,又是绿化美化环境的蜜源植物。人们常说:盐碱地三样宝,盐蓬、碱蓬、红荆条。因此栽培柽柳具有很大的价值。

柽柳可以防风固沙、保持水土及改良土壤理化性质,对盐碱、干旱地区的生态环境建设取到良好的作用。(1)柽柳具有极强的耐盐性能,可以绿化盐碱滩地。柽柳是泌盐植物,它的根吸收的盐分能够从枝叶中分泌出去,因而耐盐能力极强。研究表明,在含盐量0.5%的盐碱地上插条能正常出苗生长,在土壤含盐量高达3.6%的情况下,植苗造林成活率仍达74.4%[17];(2)柽柳具有极强的防护功能。柽柳根系十分发达,具有深扎的直根和水平发展极广的侧根，主根深达 1.5 ~ 2.0m、侧根横展 1.0 ~ 1.5m，远远大于刺槐、旱柳等树种。加之植株矮小、呈丛状分布，能较好地抵御沿海大风的侵袭。柽柳抗瘠薄能力也很强，在极其贫瘠的土地上仍能正常生长，种植在沿海、沙荒地、沟渠路旁等防风固沙，可以起到良好的防护功能[18]；(3)柽柳具有改良土壤理化性质的功能。根据李必华等 1990 年在沾化县河北村对重盐碱地区 5 ~ 10 年生柽柳林地和自然条件相同空旷地测定比较，在柽柳林地内蒸发量比无林地小 22.9%、空气相对湿度增加 22%。柽柳林内在 0 ~ 20cm 和 20 ~ 40cm 土层中，与无林地相比土壤容重小 15.9%和 2.8%，土壤总孔隙度大 8.68% 和 1.5%，土壤有机物含量高 24.1%和 16.1%[19]。可以看出，柽柳具有明显的改良土壤结构的功能。

柽柳具有较高的经济利用价值。其嫩枝叶营养丰富，其中 1 年生枝叶含粗蛋白质 6.19%、粗脂肪 3.63%、粗纤维 35.52%；嫩叶含粗蛋白达 17.38%，尤为牛羊喜食；加工后可入药，具解表、利尿、祛风湿之效[20]。根部寄生的肉苁蓉也是著名的中药材[21]。柽柳生物产量高，燃烧性能好，具有含水量少、火力旺、经久耐烧的特点，可培育薪炭林。用柽柳烧的木炭质量好，深受外商欢迎，可用于出口创汇。据测定，林龄 3 年生产量为 3.0kg/丛、5 年 5.5kg/丛、8 年 6.7 kg/丛。另据甘肃省东岗水保站在兰州窦家山实测，林龄 3 年生灌木林每公顷枝叶干重 5.02t，其热值为 17119.8 ~ 20 213.8kJ/kg，相当于原煤热值的 64% ~ 75%[4]。枝干是制造牛皮纸或制作纤维刨花板和木地板的原料，还用作良好的编织材料，可编织筐、篓、篮等。柽柳木材质硬，富含纤维，是优良的造纸原料。树皮含鞣质，可制栲胶等。花期长，是很好的蜜源植物。

柽柳具有较高的绿化观赏价值，其树型美观、枝条细长、紫红鲜艳、嫩枝纤细下垂，一年开花二次、花期长、花略有香味，素有“三春柳”之美誉，是极好的美化绿化树种，尤其是在盐渍化滨海城镇更是难得的快速绿化树种，近年来已受到园林部门的重视[22,23]。柽柳还可抗 SO_2、Cl_2、HF 等有害气体，吸附烟尘，用于防污绿化[4]。柽柳耐修剪、容易造型，可用于制作柽柳盆景。滨州市选送的柽柳盆景曾多次在国内花卉博览会上获得金、银大奖，柽柳盆景已成为当地一项极富潜力的新兴产业[17]。

6.4.2 生态学习性

柽柳对环境的适应性强，具有抗干旱、抗风沙、耐盐碱、耐贫瘠、耐水湿等优良特性，是典型的阳性树种。

6.4.2.1 抗旱特征

柽柳属植物叶片显著缩小呈鳞片状，缩小了蒸腾表面，减少了水分的损耗，而且减少了暴露于空气中的总面积，避免阳光直接灼伤。叶片一般抱茎而生，形成茎—叶愈合体，是一种高光效器官。茎与叶的愈合程度与生境的干旱程度成正比，如沙生柽柳叶的抱茎程度最大，达90%，这与其所处的极端干旱环境相适应[24]。

6.4.2.2 根系特征

柽柳属植物长期在干旱、高温的沙漠环境中生长，有发达的根系是其显著的适应特征。柽柳为深根性灌木，主根非常发达并且向下直伸，达到地下水后侧根大面积发生，主根、侧根、毛根共同组成相互交错的根系网[25]，具有非常大的吸水面积以吸收土壤和浅层水分，保证地上部分充足的水分供应。

6.4.2.3 繁殖特性

柽柳属植物花期长，结实率高，每年可产出数以亿计的种子，并且种子具有体积小、重量轻、芒柱具毛等特点，借助于频繁的风力传播，使种子在丘间低地适宜的水分条件下迅速发芽，生长成新的植株[24]。此外，柽柳属植物具有以营养繁殖为主的适应特点，它们能从被沙埋的茎干或枝条上形成不定芽和不定根从而形成新的植株和根系。柽柳属植物具有“水涨船高”的特性，流动的沙丘埋住了柽柳枝条，被沙埋后在枝条上所形成的不定根在沙丘内生长蔓延，吸收水分，萌生出的嫩枝迅速向高生长，钻出沙面，同时更多的沙被滞留在新生枝条下，掩埋新生枝条，通过营养繁殖，又生出新的嫩枝，钻出沙面。如此往复，形成了沙区独特的景观“柽柳包”，这既是柽柳长期适应干旱、风蚀自然环境的产物，也是用于固定沙丘、改造环境的物质基础。

6.4.3 育苗技术

育苗地选在地势平坦、较肥沃的壤土或沙壤土上，最好有灌溉条件。可采用扦插育苗或播种育苗。

6.4.3.1 播种育苗

柽柳的播种育苗包括采集种子、作床、播种、管理等程序。柽柳种子非常小，千粒重仅15mg，每克种子6万粒左右。一般当年生枝条于7月上旬开花，8月中下旬种子陆续成熟。待大部分果实变为黄色，少数果实已经开裂，此时要抓紧时间采收。种子采回后，摊开阴干，去除小枝皮等杂物，即可得到纯净种子；作床采用带有引水沟的平床，因柽柳种子的发芽期和幼苗期，需要湿润的土壤条件，所以必须经常浇水。一般床面长 10m、宽 2～3m，在床面中央开一条宽 25～30cm、深 15～20cm 的引水沟，浇水时水从引水沟慢慢浸润到床面上，有助于柽柳幼小种子的固定生长；播种采用夏播、春播皆可，一般以春播较好。在没有灌溉条件的，可采用夏季、雨季播种。播种时，采用水面落种法，将水慢慢引入床面，待水灌满后，堵住水口，将种子均匀撒在有水的床面上。待水渗下后，种子便贴附在床面上，再在上面撒一薄层细沙或粉沙；播后 3～5 天种子即可大部分萌发。种子萌发出土后 10 天内保持床面湿润，半月后主根扎入土中 1～3cm，若遇干旱可浇一次大水，以后浇水次数可逐渐减少。到秋季每平方米可保留 400 株苗木，当年苗高可达 50cm，最高可达 80cm。当年秋季，即可秋季出圃造林，也可来年出圃春季造林。

6.4.3.2　扦插育苗

柽柳的扦插育苗已经被广大群众普遍接受。作床一般为平床，床面长 6～10m、宽 2～3m，浇水翻耕整平即可。插穗于 4 月中旬采集柽柳 1 年生枝条，粗 1cm 左右，截成长 20cm 的插穗，每 50 根捆一捆绑扎好，放在水池中浸泡 3～10 天即可扦插。扦插可采用春插和秋插，方法大同小异。株行距可采用 15cm×40cm。春插在 4 月下旬比较合适，秋插在 10～11 月间封冻前适宜，扦插后浇一次透水，6～7 天后松土一次，把插穗基部的空隙顺便用土填实，有利于提高成活率。每 10～20 天灌溉一次，并随时松土除草。待苗子扎根后，可适当减少浇水次数，直到苗木出圃。

6.4.4　造林技术

柽柳适应性特强，适应不同类型的盐碱地造林，在农田沟边田埂上生长更好。

6.4.4.1　植苗造林

选用 2 年生、地经 1～2cm 的实生苗，株行距采用 0.5m×2m 或 1m×3m，春秋雨季造林均可，成活率可达 70% 以上。

6.4.4.2　开沟造林

开沟造林适合于在面积较大，劳力短缺的干旱荒漠地带采用。开沟位置选在附近有柽柳母树的地段，在雨季前用东方红 75 拖拉机牵引 k50 开沟犁开沟，开沟深 50cm、上口宽 60cm、底宽 10cm、沟距 2.5m。开沟后，根据地势高低，在沟内每隔 10～30m 筑一高 20cm 的小土埂，使每段沟底都能保持水平，以拦截雨水、改善土壤微环境。

6.4.4.3 扦插造林

柽柳的扦插造林适合坡地、田埂、地头，插穗选择粗1cm左右的1~2年生枝条，截成30~40cm段，于春季、秋季、雨季均可扦插造林。春季扦插要及时浇水，秋季扦插后要培土保墒。成活率可达80%以上，当年高生长可达1m[26]。

6.5 柠条

6.5.1 利用价值

人工栽培柠条不仅具有防风固沙、保持水土等生态效益，而且其树干、种实的利用价值较高，具有很好的经济效益。人工栽培历史已有30年，卓见成效。

柠条（Caragana spp.）是我国荒漠、半荒漠及干草原地带营造防风固沙林、水土保持林的重要树种。柠条在风大、沙多、干旱的严酷环境中能正常生长发育，对改善恶劣的沙化环境有着重要作用。据测定，一般3年生到4年生柠条，每丛根可固沙0.2~0.3m；5年生以上柠条林一般覆盖率可达70%以上，每丛根固沙0.5~1.0m[27]。而防风固沙的能力和柠条的面积、高度、密度、盖度有密切的相关性。柠条的盖度增加，防风效益相应也加强。因此在适宜的立地条件下种植柠条对当地的生态环境建设和草原保护起到很好的作用。柠条林可以拦泥蓄水，保持水土。由于柠条根系庞大，枝条稠密，林间杂草多，有利于固结土壤，提高土壤的防冲防蚀能力。据万山县林业局观测，石站头25°坡度4年生柠条林，2004年7月至9月在降水180mm的情况下，坡面上未形成侵蚀沟，相邻坡耕地内，15m宽的坡面上有3~10cm深的侵蚀沟21条。另外，柠条的蓄水能力比较强。据北京林业大学在方山县观测，4年生柠条林内150cm土层内贮水量可达256mm，林间空地150cm[28]。当柠条成林后郁闭度达0.8时可减少地表径流73%、减少表土冲刷66%，每丛柠条可拦截泥沙0.15m^3[29]。

柠条干物质含粗蛋白质15.1%、粗脂肪2.6%、粗纤维39.7%、无氮浸出物37.2%，粗灰分5.4%，俗有“救命草”、“接口草”和“空中牧场”等美称。柠条草粉特别适合畜（牛、羊）禽（鸡和鸵鸟等）育肥，畜禽生长发育增重快，育肥期明显缩短。在奶牛的混合料中加入一定比例的柠条草粉，可降低10%左右的粮耗率和20%左右的生产成本，奶产量明显增加。以柠条草粉饲喂蛋鸡，不仅提高了产蛋率，而且“软皮蛋”和“无黄蛋”明显减少[30,31]。柠条的枝叶含有丰富的氮、磷、钾,是上等绿肥。每 1 000kg 柠条沤制的肥相当于硫酸铵 145kg,过磷酸钙 27.4kg,硫酸钾 28.6kg。柠条的根有根瘤菌,可以固定空气中的游离氮素,改良土壤理化性质、提高土壤肥力[29,4]。柠条的枝干含有油脂,外皮有蜡质,干湿均能燃烧,火力强。据测定,其热值为 19 799kJ/kg,为标准煤热值(29 732.4kJ/kg)的 66.59%,是良好的薪材。柠条是很好的编织材料,可编囤笆、筐篓。115hm^2 柠条可收割条子 500 多公斤,编篓 100 多个,收入 200 多元。柠条结实繁多,种子产量高。每平方米产籽 1kg,市场价 4 元[32]。还可用来榨制非食用油,也可采用蒸煮、浸泡的办法去除苦味作饲料。枝干的皮层很厚,富含纤维,于 5~6 月采条剥皮,沤制成"毛条麻",可供拧绳、织麻袋等。此外,开花繁茂,为优良蜜源植物。枝条还可作为造纸、造纤维板的原料。

6.5.2 生态学习性

6.5.2.1 喜光、耐寒、抗高温

在年平均气温 1.5°C、最高 42°C、最大冻土层深达 290cm 的内蒙古锡林郭勒,柠条能正常安全越冬,叶片受伤温度 55°C、致死温度为 60°C,极耐干旱,但不耐涝。据青海省农科院林研所在西宁南北两山测定,其凋萎系数为 5.28%。据观测,在 0~190cm 根层内,沙地含水率值为 0.3% 的情况下仍可生长,1.9%~3.04% 时生长健壮[4]。喜生于具有石灰质反应、pH 值 7.5~8.0 的土壤。在贫瘠干旱沙地、黄土丘陵区、荒漠和半荒漠地区均能在沙壤土上生长迅速,年均高生长量达 67cm。柠条还具有根瘤菌,有固氮性能。

6.5.2.2 根系发达,防蚀保土性能强

柠条有庞大的根系,分别向水平和垂直方向发展。根深和根幅分别大于枝高和冠幅,根幅与冠幅之比较大。幼苗期根系生长迅速,5~6cm 高的幼苗,主根深达 40~50cm。第二年以后侧根加速生长,一般主根深长、侧根成层分布。3 年生高度不到 70cm 的植株,根系分布深达 1.55cm。上层侧根的根幅达 3.45cm,成为吸水的强大根系网,下层根系能充分吸收深层土壤水分。在沙地上,其垂直根能深入 2m 以下沙层,沙埋后产生不定根。随沙层加厚不定根增加,并从上部萌发新枝,柠条根系有较强的吸收深层土壤水分的能力,特别是 40~160cm 的深土层,经半年期间每公顷柠条林地比糜子地多吸收水分 1416.7m^3,相当于 141.7mm 降水量[4]。并且主要是深层土壤水分,故有"搜水植物"之称。萌芽力强,幼林平茬后的萌发更强。

6.5.2.3 寿命较长

生长发育随年龄而变化，播种当年生长较慢，第二年高生长加快，第三年开始分枝成灌丛。株高和地径生长的速度以5年生时最快，5~6年生一般高2~3m；干和树冠的生长则以10年生时为最大。天然灌丛林3年开始结实，在水分条件较好的低地，人工林3年可开花结实。通常于造林5~6年后进入分枝和开花结实期，7~8年后进入结实盛期，20年后高生长停滞，干径生长趋缓。30年后进入衰老期。立地条件好时，树龄可达70年以上。

6.5.2.4 发芽早，落叶迟

柠条一般4月初萌芽，5月上中旬开花，花期20多天，6月中下旬至上中旬果熟，11月中旬落叶。枝条生长的高峰期在8月份，秋梢生长量大，对早晚霜冻害的抗性强。干冷的冬春季节，幼嫩枝梢未见有枯梢现象，甚至8~9月间直播幼苗也能安全过冬。

6.5.2.5 枝条萌蘖力和再生能力极强

柠条各个种均系丛生灌木，一般从3年生开始大量萌枝，特别是经过平茬以后能从根颈部萌生出大量枝条，形成稠密的灌丛。2年生小叶锦鸡儿单株有18个枝条，3年生有32个枝条，4年生57个枝条，5年生82个枝条。山西省临县程家塔乡有1株300多年树龄的小叶锦鸡儿，灌丛高315m，周长达25m，系全国柠条之王[33]。

6.5.3 育苗技术

6.5.3.1 采种

柠条3~4年生即开花结实。在西北地区5月开花，一般花期20天左右。种子7月上、中旬成熟。当荚果变为米黄色或黄绿色棕色，枝条上部荚果内有2~3粒种子呈米黄色时，即可采收。荚果从成熟到开裂仅3~5天，必须适时抓紧采收，去荚净种，晾干贮藏。一般亩产种子5kg左右，经营管理好的可达50kg。优良的种子黄绿色或者米黄色，有光泽、纯净度可达90%以上。千粒重35~37g，每公斤种子27 000~28 000粒，当年种子发芽率90%左右，存放3年种皮变暗灰色，开始离皮，发芽率下降到30%左右，4年后则失去发芽能力[5]。

6.5.3.2 育苗

苗圃地选择应以沙质土壤或轻沙质土壤为好，地下水位过高或排水不良易发生根腐病，造成苗木死亡。在圃地育苗时，通常在早春播种。首先，将种子进行温水浸种24h，捞出种子后，与湿沙子按3:1的比例进行层积催芽。当种子露白时，就可以在播前灌足底水的苗圃地进行播种。采用床播

或垄播，播种深度2～3cm，每亩播种量8～12kg。幼苗生长阶段不宜多灌水，夏季过于干旱时可适当浅灌。1年生苗木高在30cm以上时，可出圃造林[5,34]。柠条根系深长柔韧，苗木过大则起苗困难，也影响造林成活。同时，起苗时要防止根系劈裂损伤。

6.5.4 造林技术

柠条造林有直播造林和植苗造林两种，在降水适宜、条件较好的地区多采用直播造林，在过于干旱、风蚀、水蚀严重的地区采用植苗造林较好。

6.5.4.1 直播造林

(1)种子处理

柠条直播造林的种子易遭地下害虫危害，播前可对种子进行药物处理，如包衣处理。包衣剂内含有杀虫、杀菌剂和微量元素，被种子内吸后起到了杀虫、杀菌、增加幼苗生长所需养分的作用。

(2)播种方法

①穴播法　适于固定、半固定沙地和平坦撂荒地，不需提前整地。播种时按1×2m或1×1.5m的株行距，品字形挖深4～5cm，长宽各15cm的穴，每穴内放20～30粒种子，覆土3cm，稍加镇压。

②犁沟法　适于平缓沟超、退耕地和固定沙地。可沿等高线用翻转犁每隔2m或1.5m连翻两犁，然后用尖犁开一条沟，在沟内每隔1m成堆状点种20～30粒种子，覆土3cm，稍加镇压。

③鱼鳞坑法　适于陡坡地、坡顶等地带。沿等高线按株行距1×1m或1×1.5m挖深20cm，长径50cm、短径30cm的鱼鳞坑，在坑内作一小土垅，点种子于垅坡上。这样既可蓄水促进种子发芽，又能防止幼苗被淤泥淹埋。

④条状密播法　在沟头、地畔、梯田埂营造保护带时采用。按等高线每隔1m挖一长30cm、宽和深各20cm的沟，再在沟内开小沟进行条播，覆土3cm，稍加镇压即可。带间距1～1.5m，上下呈三角状排列。3年后即可形成一道道生物保护带。

⑤机械播种法　使用拖拉机牵引圆盘耙在固定、半固定沙地上直播柠条，既节省劳力，加快了造林进度，又能收到比较好的造林效果。这种方法适于带状直播造林，一般行间距25cm，单向行驶播幅宽3m。还可用小麦播种机进行柠条播种育苗，效果也很好，同样值得在平坦的固定、半固定沙地进行柠条带状直播造林借鉴[34]。

(3)播种时间

柠条从春到夏都可播种，但以雨季抢墒播种最好，这时气温高、湿度大，出苗快而整齐。若土壤墒情不好，可用温水浸种一昼夜后混沙播种。

6.5.4.2 植苗造林

柠条植苗造林在春、秋两季都可进行。在固定半固定沙地可随整地随造林；在山坡地、丘陵坡地坡顶、沟头等地段，应在造林的前一年整地，方法有水平沟、鱼鳞坑等。苗木在起、运、栽植时应注意保湿、补水，并适当深栽。

6.6 旱柳

6.6.1 利用价值

旱柳(Salix matsudana)属落叶乔木，别名柳树、青皮柳、羊角柳、材柳，遍布华北、东北、西北及华东各省区，为平原地区常见树种。它生长快、繁殖容易，耐水湿、抗风沙、较耐干旱和盐碱，不仅是重要的农家速生用材树种，也是护岸、防风固沙、水土保持的优良树种。旱柳的树冠开阔、树姿美观，吸收二氧化碳的能力强，可净化空气、减少污染，是“四旁”和庭院绿化的重要树种。

旱柳边材色白、心材呈浅红褐或暗红色、年轮略明显，材质较轻软，枝干韧性较大。经调查，旱柳的干、枝、叶都有非常高的利用价值。由于旱柳木材柔韧性好、抗压力强，主要用于建筑、木桩、矿柱、包装箱板、家具、小型农具和薪材等；枝条主要用于编筐，细枝和叶主要用于饲料；为绿化、用材、防护林及密源树种，是一种经济价值很好的材种，在造纸工业上尚未得到很好的开发利用[35]。

6.6.2 生态学习性

旱柳喜光、耐寒、耐盐碱，极耐水湿，不定芽具极强的萌发力。对土壤的适应性极强，在沙土、沙壤土、壤土、粘土及轻度以至中度盐渍化的土壤上均能生长，但以湿润的沙质壤土上生长最好，过于粘重或贫瘠的砂土以及重度以上碱土上生长缓慢、枝梢发黄，形成小老头树。旱柳根系发达，尤其实生苗根系健壮，侧根发达；无性繁殖的则无明显主根，但侧根特别发达，伸展可长达10m以外，垂直分布在30~100cm的土壤内，根毛多交织成网状，能盘结土壤，固土能力极强。因此，是固结土壤、护岸护坡、降低风速、改良盐碱地的好树种，同时旱柳还能发挥美化环境、净化空气、改善气候、护田增产、维护生态平衡、促进农牧业发展的多重功能，是三北地区造林的主要树种[35]。

6.6.3 育苗技术

6.6.3.1 扦插育苗

(1)作垄覆膜

土地平整后进行作垄,垄宽60cm、高15 cm,垄面土壤要求细碎平整、无土块,作垄后立即覆膜,将膜拉平并压土,防止风寒,确保墒情。

(2)种条选择与插穗处理

选择粗度为0.8~1.2cm的一年生平茬条,种条要求木质化程度高、生长健壮、叶芽饱满、无病虫害和机械损伤。4月上旬将插穗剪成18~20cm长,上端平、下部马蹄形;注意顶芽要饱满,剪口距顶芽上方1.5cm左右。按粗细分级,每100根一捆,放入清水中浸泡72h,捞出后采用ABT6#生根粉100mg/L液浸泡5min后进行扦插。

(3)扦插

扦插时间为4月上、中旬,采用先覆膜后扦插,实行宽窄行,株行距为25cm×40cm×50cm,插穗上部第一芽露出膜外2cm左右[36]。

6.6.3.2 组培育苗

旱柳春季丛生芽组织培养的初代培养基为MS+BA0.4mg/L+NAA0.2mg/L+蔗30g/L、最佳继代扩繁培养基为MS+BA0.4mg/L+NAA0.2mg/L+蔗糖30g/L和BA0.4 mg/L+NAA0.4mg/L+蔗糖30g/L,生根培养基为1/2MS+GA30.2mg/L+NAA0. 5mg/L,最佳生根培养基为MS+GA30.2mg/L+NAA0.5mg/L[37]。

6.6.4 造林技术

6.6.4.1 高干造林

(1)选地整地

整地方式可根据地类来确定。对于荒地造林,采用带状整地或全面整地,而且要提前一年或一个季节进行。提前整地一方面可调节土壤水分状况,在干旱地区能很好地蓄水保墒,提高造林成活率;另一方面,能给杂草、灌木等茎叶、根系的充分腐烂分解创造条件,且能增加土壤中有机质。对于"四旁"绿化,则应该采用穴状整地。

(2)选取高杆

在树木休眠期,即在秋季落叶后至春季萌芽前选取。具体是从8~20年生的优良健壮的母树上,选取粗3~8cm、长2.5~4m的色泽光滑新鲜的壮实枝条作高杆,注意不要留侧枝,并且在截取时注意两端切口要光滑,不能劈裂和伤皮。

(3)浸水处理

将高杆基部浸入水中,浸泡大约十几天,以看到表皮出现有白色或浅黄色突起,但又没有破皮出根为止,并且在浸水过程中要翻动干条,防止皮部变黑腐烂。在栽植前取条,搬运时要注意保护表皮,不要损伤表皮[38]。

6.6.4.2 头木作业技术要点

头木作业又叫萌芽作业,主要是利用旱柳萌发能力强的特点进行高杆造林,造林后截去主梢,通过修枝抚育,促使侧枝斜上生长,形成椽材。每隔数年从头木上更新1次,每次可平截十余根乃至数十根椽材,连续作业30年左右。这种经营方式我们称为头木作业,深受群众欢迎。现将主要技术要点总结如下[39]。

(1)修枝时间

一般在秋天进行,时间以10月上旬为宜。

(2)截椽时间

多在9月下旬至10月上旬。有春尺蠖发生的地方可在5月初截椽,此时结合截椽可以抑制春尺蠖发生。

(3)修剪留枝

旱柳头木作业的主要作用是选留枝条,形成椽材。修剪留枝,是旱柳头木作业的重要一环。

①留枝　高杆栽植后,第三年秋天开始定芽留枝。在高杆上部选留3~4枝,剪掉选定枝上部多余的高杆顶梢,此时为头木作业开始。作业后,形成头木枝和基干两大部分。头木枝要围绕基干均匀分布,相邻头木枝要相互错位,不要留在同一水平面上,其余枝条全部剪掉。开始留枝时,同时确定基干高和头木垂直距。基干高度1.8~2.0m;头木垂直距一般为30cm截伐头木前,每年秋天进行抚育修剪。修剪时保留3~4枝头木枝,头木枝顶端着生少量侧枝,其余枝条全部剪掉。

②第一次截椽和截椽后的留枝　截椽时间9月下旬~10月上旬。截椽时将开始选留的3~4条椽枝全部砍伐。截椽后,在基干上留下截桩,高20cm。截椽后第二年秋天,结合抚育修枝,选留第二茬头木枝。新枝要两侧交错互生,在截桩上形成二分叉,整个基干上保留6~8根新头木枝。通过每年抚育修剪,形成第二茬椽材或其他小径材。

③第二次截椽和第三次留枝　第二茬头木枝生长5年后形成椽材,进行第二次截椽。截椽后,留6~8个头木截桩,高10cm。翌年,在第二截桩上生长出很多枝条,9月下旬,结合抚育选留第三茬头木枝。每截桩上再留

2个新枝,前后交错互生,形成二叉分枝。此时,基干上部已生长着12~16根新头木枝。头木枝要均匀分布在基干上部,外围枝条开张角度要大。每年秋天要修剪定枝,使其形成第三茬头木枝。

④第三次截椽与第四次留枝　其方法与第二、第三次留枝相同。截椽后,基干上留截桩12~16个,高10cm。翌年秋天,选留新头木枝24~32枝。5年后,形成椽材,进行截椽。截椽后基干上留新截桩24~32个,高10cm以下。第二年秋天,从新生枝条中选留新头木枝,不需进行二分叉留枝。根据树势,在基干上部均匀分布新头木枝30枝以上。每隔5年截伐椽子1次,直到旱柳头木作业生长期结束。

6.7　樟子松

6.7.1　利用价值

樟子松(Pinus sylvestris var. mongolica)为常绿大乔木,树高30m、胸径1m;1年生小枝淡黄褐色无毛,2~3年生枝灰褐色,冬芽淡黄褐色至赤褐色卵状椭圆形;针叶2针一束,粗硬、微扭曲,长5~8cm,树脂道6~11个、边生;雌雄球花同株异枝,雄球花黄色聚生于新梢基部、雌球花淡紫红色有柄;球果长卵形,长3~6cm,果柄下弯鳞盾常肥厚隆起向后反曲,鳞脐小,疣状凸起,有短翅,易脱落;花期5~6月,球果翌年9~10月成熟。

樟子松木材心边材区别明显,边材浅黄褐色,心材红褐色;有光泽,具浓郁的松脂气味。生长轮甚明显,宽度不均匀,轮间界以深色晚材带;早材至晚材略急变。木材纹理直,结构中至略粗,略均匀,质轻软;干缩中;强度低近中,冲击韧性中。木材干燥容易,不易开裂和变形,耐腐,易加工,切削面光洁。木材适合用在房屋建筑、船舶、室内装饰、乐器、体育器材、家具、日常用具及造纸等[40]。同时,樟子松还是优良的防风固沙树种。

6.7.2　生态学习性

樟子松耐寒性强,能耐-50℃的低温。耐旱,对土壤水分要求不严,根系发达,可充分利用土壤水分。樟子松最喜光,树冠稀少,在林内缺少侧方光照时自然整枝很快,幼林阶段稍有庇荫即生长不良。

樟子松适应性能很强,耐干旱瘠薄,在风积沙土、砾质粗沙土、沙壤土、黑钙土、淋容黑土、白浆土上都能生长。樟子松怕过渡水湿,但3年生幼苗被水淹没5天,渗水后幼苗仍能正常生长。喜酸性或微酸性土壤,在微碱性土壤上也能正常生长。

樟子松人工林6~7年生时即可进入高生长旺盛期。地理条件不同，其生长发育状况也有差异。如辽宁章古台试验站在丘间低地水分条件好、风蚀小的地方造林，20年生高为8.5m、胸径12.7cm；在流动沙丘上，由于风蚀较严重、气候干燥，20年生高为7.45m，胸径9.2cm。人工林一般15年生开始结实，25年生普遍结实，结实间隔期为2~4年[41]。

6.7.3 育苗技术

6.7.3.1 采种及调制

(1)种子采收

樟子松种子在9月中、下旬开始成熟。采种有两个时期，秋季从9月中、下旬开始到11月上、中旬结束；春季从3月上、中旬开始到4月中、下旬结束。一般多是上树采摘球果。

(2)种子调制

樟子松球果坚硬、不易开裂，从球果中取种子比较困难。通常采用露天晾晒和室内加温的方法使种子脱粒。在室内加温烘干，室内温度要保持在50~55℃(以上层为准)，不宜超过55℃[42]。

6.7.3.2 育苗

(1)种子处理

①种子消毒 用0.3%~0.5%硫酸铜水溶液浸泡种子6~12h，再用清水浸泡12~24h，捞出后进行种子处理。消毒时要防止药剂感染口、鼻、眼以免中毒。经过处理的种子较不处理的种子早发芽7天左右，且出苗齐、壮。

②催芽 室内、外催芽均可。催芽注意保持种、沙湿度和温度，用洒温水和勤翻动种、沙的方法调节湿度和温度。夜间温度降低应采取保暖措施。待种子有1/3裂嘴，大部分种胚变绿时即可用于播种[43]。

(2)播种

目前生产上多采取春播，力争适期早播，平均地温达8.9℃以上即可播种，一般在4月中、下旬。浇透底水，使苗床表土保持湿润，待床面稍干松时，将床面搂起0.5~1.0cm深的床面，然后用播种机或手推播种，横床条播，播幅宽3~5cm、行距8~10cm。播后及时镇压。覆土厚度0.5~1.0cm，通常每公顷播种量60~75kg[44]。

(3)铺膜和遮荫

播种后随即铺膜和遮荫。薄膜采用80cm或者100cm的标准农用塑料薄膜,在苗床沟取土压膜边,要压严实,防止春季大风吹开薄膜。播种后可以立即遮荫,也可以出苗前遮荫,随天气和准备情况而定。在每个地畦边栽木桩、拉铁丝,间距与地畦间距相同,即 10m × 10m。将遮荫网搭在铁丝上,用线绳缝好固定[45]。

6.7.4 造林技术

6.7.4.1 整地

(1)整地时间

春季造林,要在前 1 年的雨季或秋季进行整地,秋李造林要在雨季前整地。

(2)整地方法

①机犁沟整地 在平缓或起伏不大的固定沙地上,用拖拉机牵引犁铧拉宽 50 ~ 100cm、深 20 ~ 30cm 的沟,沟间距 2m,将苗木栽于沟底部背阴处。

②小直坑整地 在植被盖度较大、草根多,整地雨后不流沙的造林地上挖长 25cm(东西方向)、宽 20cm(南北方向)、深 40 ~ 50cm,四壁皆直立的小直坑,然后将表土回填 10 ~ 15cm。

③防风背阴整地 在整地后不流沙的造林地上挖南、西直立及东、北倾斜,深达 35cm 以上的栽植穴,造林时将苗木栽到坑南侧背阴处[46]。

6.7.4.2 造林时间

选择适宜时机是造林成功的基本保证,榆林传统造林时间是春、秋两季,春季在 4 月上旬清明节前后造林、秋季在 10 月下旬 ~ 11 月上旬。但试验表明,在榆林沙地 9 月中下旬造林,不仅适用于樟子松,也是其他针叶树种油松、侧柏、沙地柏等针叶树种栽植的好季节。[47]。

6.7.4.3 栽植

(1)缝隙植苗法

用植苗锹先刮去地表干土,再将锹深插入沙层内推挤成深约 40cm、口宽 15cm 左右的缝隙,然后将苗木顺缝深插,并稍加提抖,使苗木栽到所需深度,再在离缝隙 10cm 和 20cm 处各插锹 1 次,先拉后推将苗木挤紧,最后插入半锹将上次插锹处土缝填平。

(2)靠壁栽植

小直坑整地和防风背阴整地,将苗木栽到坑的南侧壁下,然后填土踩实。

(3)提高造林效果的技术

①良种壮苗 良种壮苗可以提高苗木对恶劣沙地气候条件的抵抗能力,是提高沙地造林成活率,促进幼树生长的主要技术措施。

②适当晚植 樟子松造林地多处于风沙区内,春季造林时气候干旱、风

沙大,通过适当拖后造林时期,可以减少幼苗遭受风沙吹袭的次数,减少苗木水分的蒸发,提高造林成活率。

③适当深栽　制约樟子松造林成活率的主要因素为水分不足,适当深植有利于防风保墒,使苗木根系接触土壤中的水分,从而提高造林成活率。

④幼树埋土越冬　为防止樟子松幼树受风沙的伤害,在越冬期间用沙土覆盖樟子松又利于保护苗木。据章古台的研究,此项技术一般能提高幼林保存率15%左右[42]。

6.7.4.4　造林密度

应按照立地条件进行设计,一般情况应控制在每公顷1 665 ~3 330株,特别是土层较薄而干旱贫瘠土地要防止因密度过大、水肥供应不足,以免重蹈小叶杨"小老树"的覆辙[48]。

6.7.4.5　覆膜

在覆膜前,先把80cm宽的地膜剪成正方形,然后从方形地膜的边缘向其中心剪一半径开口。覆膜时先把已植苗的植树坑表面修平(在树干周围修成0.8m×0.8m大的"锅底型"),清除石块、草根以防土块、石块等破坏地膜,再根据苗根地径的大小,在方形地膜的中心剪一适宜圆孔。接着,把方形地膜的半径开口对准方向,使苗木从中穿至中心,覆盖在树坑表面。然后,在苗根周围半径开口、树坑边缘的地膜上压好土(在膜四周及膜边剪口处埋0.1m厚压膜土)。为使地膜得到更多的光照,可把地膜半径开口用胶剂粘合,免去在地膜半径开口上压土工序。最后,在苗根、树坑边缘的地膜上压好土。覆膜时,尽量使地膜与树坑表面保持一定空间,以便贮存更多的太阳辐射能,有利于提高土壤温度[49]。

6.7.4.6　幼林抚育

幼林抚育一般在3年内进行5次,即当年2次、第2年2次、第3年1次。在气候寒冷、干旱多风的沙区造林,除个别植被茂密的阴坡外,还应进行秋季埋土防寒。具体抚育措施是:(1)造林后及时扶踩1次,主要是踩紧、扶正苗木和调节深浅度。(2)在雨季前松土、除草。(3)上冻前进行埋土防寒,以不露苗、埋土厚度不少于5cm为宜。(4)第2年土壤解冻后分2次撤土,第1次撤去1/2,第2次撤净防寒土,不可露出苗根。撤土要先在无风天进行,起风时(4级以上风)时停撤,最好将新撤土的幼苗再迅速地盖上土以防止幼树茎、叶、顶芽抽干而死亡。这样做对于干旱、雪少的地带效果尤为明显,雨季前松土、除草1次。(5)第3年,雨季松土、除草1次[43]。

6.8 新疆杨

新疆杨(Populus alba var. pyramidalis)为落叶乔木,是我国北方干旱大陆性气候条件下的优良绿化和防护林树种之一,常用于公路、街道以及庭院绿化、盐碱地改造、农田防护林以及光肩星天牛疫区的林网营造。

6.8.1 利用价值

新疆杨生长快、树形挺拔、干性端正,窄冠、适应密植,单位面积产材量和出材率高。木材文理通直,可供建筑、家具、造纸等用;落叶可喂羊、牛,是南疆农区牧业冬季的重要饲料。为农田防护林、速生丰产林、防风固沙林和四旁绿化的优良树种[4]。

6.8.2 生态学习性

新疆杨原产中亚,在我国主要分布于新疆地区,以南疆地区最多。陕西、宁夏、甘肃大量引种,生长良好。在中亚、西亚、巴尔干、欧洲等地均有分布。新疆杨喜光,不耐庇荫,幼树在庇荫条件下树势衰弱。喜土层深厚、透水透气性好的沙壤土和风沙土。抗大气干旱,在吐鲁番盆地极端最高气温达42℃、空气相对湿度为零的条件下仍能正常生长。这主要是由于新疆杨为窄冠、叶结构特殊、叶上表皮无气孔而被有蜡质层,下表皮气孔周围有白绒毛保护,可减少蒸腾。主根深而发达,水平根伸展较短,表土水分对树木生长影响小[50]。抗风沙,抗烟尘,抗柳毒蛾[4]。较耐盐碱,但在含盐量0.6%以上的盐碱地、戈壁沙地和无灌溉条件下以及在排水不良的粘土上生长不良,有枯梢现象、病虫害严重、寿命短。在土壤水分和抚育管理较好的条件下生长健壮、病虫害少、成材早,寿命可达70~80年。由于根系发达,其抗风力强,可抗8~10级大风。但抗寒性较差,在南疆地区树干基部西南方向常发生冻裂,在极端最低气温达-30℃以下时,苗木冻梢严重。树木高生长以1~8年较快,年生长量1.5~2.8 m;胸径生长以2~12年较快,年生长量1~1.6 cm[50]。在甘肃沙区栽植9年生的新疆杨平均树高达12.2 m、平均胸径17 cm,是优良的农田防护林和绿化树种[51]。

6.8.3 育苗技术

6.8.3.1 育苗地选择

育苗地应选择地势平坦、肥力中等、土层深厚、土质松的沙壤土,严禁在盐碱地和重茬地育苗,纯明沙地不宜育该种树苗,红粘土地应混合沙子并深松改良土壤的孔隙度以增加透气性,苗地必须具备充足的水源条件,做到旱能灌、涝能排[52,53]。

6.8.3.2　整地施肥与杀菌

秋季深翻,施优质农家肥 4 ~ 6t/ hm^2,春季均匀撒入生石灰 25 ~ 40kg/ hm^2,每平方米喷洒地菌净或五氯硝基苯 6 ~ 10g 进行杀菌消毒。底肥施磷酸二铵 30kg/ hm^2、磷酸二氢钾 2 ~ 3kg/ hm^2,并施入少量硫酸亚铁[53]。

6.8.3.3　插穗的选择和处理

用利刀将穗条切成 18 ~ 20cm 的插穗,插穗一般要有三个芽眼,插穗上部要有 1 个饱满健壮的叶芽,上切口距第一个叶芽 1.5cm、下切口距叶芽 1cm,插穗粗度在 0.8cm 以上。为防止失水,切条时应在背荫处作业。同时,在扦插前应将插穗放入水中浸泡 3 ~ 5 天,再用 ABT 生根剂处理,可提高成活率 30% ~ 70%。接着浅埋催根,将插穗倒立于预先挖好的土槽内,以甲基托布津和代森锰锌或多菌灵等喷洒消毒,然后埋湿沙土盖膜增温催根,埋土一般 15 ~ 20cm,催根时随时注意观察湿度和温度,防止插穗长出黄芽或霉变,处理插穗的时间要与扦插时间相随,一般在 4 月下旬至 5 月上旬扦插[52-54]。

6.8.3.4　覆膜扦插

扦插前拉绳划线,确保株行距横平竖直,地膜选用 70cm 宽的优质膜,按行距 50 ~ 60cm、株距 10 ~ 15cm,每亩栽种 8 888 ~ 10 000 个为宜。为不损插穗的下切口组织,使其在土中迅速愈合扎根,最好是先浇水后扦插,再浇定根水,使插穗与土壤紧密结合,不可有空隙。扦插时先将地膜刺开一个小孔,然后芽眼向阳呈一个方向从孔口处扦插。切忌膜随苗下,套住切口影响扎根。插穗垂直扦插、外露 1cm,盖严膜眼,再用沙土覆盖插穗 1 ~ 2cm。同时,为提高地温可提前数天覆膜。

6.8.3.5　精细管理,保证水肥

自扦插时起 3 周内,需灌水 2 次,以保证适宜的土壤湿度。3 周后,地下部分长出不定根,形成愈合组织,每 15 ~ 20 天灌水一次,每次灌水后应及时进行松土除草。7 月上、中旬及时追肥 2 次,以保证苗木生长的需要。进入 8 月份停止灌水、追肥,以保证苗木充分木质化。入冬前,浇一次水,同时进行平茬。翌年春季 4 月下旬浇一次水,5 月初及时除掉基部多余的萌生枝,选留 1 枝培养苗干。随着苗木的生长,在 5 ~ 8 月要及时抹除苗木的侧芽和嫩枝 3 ~ 4 次,以利于苗木茎干的正常生长。在 6 ~ 7 月结合灌水施肥 2 ~ 3 次[52-54]。

此外，还需预防病虫害，及时观察，对症用药。新疆杨苗期的主要虫害为大青叶蝉和白杨透翅蛾。白杨透翅蛾可在6月上旬用性诱剂进行诱杀，大青叶蝉在9月中下旬用40%氧化乐果乳油800~1 000倍液喷雾防治。

6.8.4 造林技术

6.8.4.1 林地选择

首选土层深厚、含盐量小(0.3%以下)、地下水埋深1.5以下，透气透水性好的壤土和沙壤土；其次为土层深度60~80cm、含盐量0.6%左右，透气透水性好的沙荒土、砾土质戈壁。土质粘重、土层厚度小于60cm、未经改良的盐碱地，不宜栽植新疆杨。

6.8.4.2 造林季节和方法

春、秋两季均可造林。秋季造林在入冬前进行，灌好越冬水。风沙土和沙质土造林，深埋5~10cm。为防止树梢抽干，树木栽植后多用利刀削去梢头，并用塑料包扎。在风大地区采用截干造林，截干高度1.2~1.5m。同时，在造林过程中可将浸过水或者浸过生根剂的苗木根部，放在粘土或者两合土的粥状泥浆挂泥后栽植以确保根部水分的充足。

6.8.4.3 整地方式和造林密度

根据地形和林种的不同，有沟状和畦状两种整地方式。沟状整地(1沟2行树)。行距1~1.5m、株距1~1.5m、沟距4~20m。畦状整地，2~4行为窄林带，行距1~1.5m、株距1~1.5m;4行以上为宽林带，行距1.5~3m、株距1~2m。

6.8.4.4 幼林抚幼管理

1~3年幼林年灌水6~8次，以耕代抚，林内可间种豆类、西甜瓜、小麦、苜蓿等作物。发现病虫害要及时防止。

参考文献

[1] 徐铭渔，孙小宣，童文新. 沙棘的医药研究和开发[J]. 沙棘，1994，7(1):32~39.

[2] 仲崇菊. 沙棘系列化妆品的疗效观察[A]. 国际沙棘学术交流会论文集[C]. 西安：国际沙棘学术交流会秘书处，1989.

[3] 李敏. 中国沙棘开发利用20年主要成就. 沙棘，2005，18(1):1~6.

[4] 罗伟祥，刘广全，李钰. 西北主要树种培育技术[M]. 北京：中国林业出版社，2007.

[5] 胡芳名,谭晓风,刘惠民. 中国主要经济树种栽培与利用[M]. 北京:中国林业出版社,2006.
[6] 刁乃宏. 种植紫穗槐防止水土流失效益显著[J]. 黑龙江水利科技,2006,5(34):120.
[7] 王印川. 紫穗槐及其经济利用价值[J]. 山西水土保持科技,2003,(1): 21~23.
[8] 张进善. 紫穗槐育苗造林技术[J]. 中国水土保持,1995,(5):58.
[9] 周秦钟,黄西建. 紫穗槐育苗造林技术[J]. 陕西林业,2004,(3):40.
[10] 王则强,吴大江. 紫穗槐育苗造林技术[J]. 新疆林业,2002,(6):19~20.
[11] 金可选. 紫穗槐栽培技术[J]. 云南林业,2004,25(2):28.
[12] 祁门县,谢力文. 紫穗槐造林技术要点[J]. 安徽林业,2003,(5):9.
[13] 杨晓茹. 紫穗槐的造林技术[J]. 湖南林业,2007,(4):19.
[14] 安保,白永祥,田志. 沙柳生物学特性与造林技术研究[J]. 内蒙古林业科技,2003,(增刊):24~26.
[15] 苍久和. 沙柳的人工栽培丰产技术[J]. 中国林副特产,2004,(2):34
[16] 邬玉明,薛凤英,王计. 干旱风沙地区沙柳造林成活率的技术探讨[J]. 内蒙古林业科技,2003,(1):35~36.
[17] 刘春杰. 柽柳资源在黄河三角洲泥质海岸防护林建设中的应用[J]. 防护林科技,2006,(2):42~43.
[18] 于雷,潘文利,郑景明,等. 柽柳防护林对海堤重盐土改良作用的研究[J]. 辽宁林业科技,1998,(3):34~27.
[19] 李必华,邢尚军,商华妃,等. 滨海拓荒植物[M]. 济南:山东科学技术出版社,1994.
[20] 牟欣,许志,刘安,等. 柽柳研究现状及进展[J]. 国医论坛,2002,17(1):53~54.
[21] 杨丽文,何秉宇,黄培佑,等. 和田河流域天然柽柳灌木林生态价值评估[J]. 中国沙漠,2005,25(2):268~274.
[22] 董必慧. 江苏沿海滩涂柽柳的繁殖生物学特性及开发前景[J]. 林业科技,2004,29(1):4~7.
[23] 王年荣. 柽柳观赏园艺栽培的探讨[J]. 山西林业科技(增刊),2003,(9):42~43.
[24] 张道远,尹林克,潘伯荣. 柽柳属植物抗旱性能研究及其应用潜力评价[J]. 中国沙漠,2003,23(5):252~256.

[25] Brotherson J D, Winkle V. Habitat relationships of saltcedar (Tamarix ramosissima) in central Utah[J]. Great Basin Naturalist, 1986, 46:535 ~541.

[26] 陈涛. 柽柳育苗造林技术[J]. 实用技术与科普,2005,(3):68~69.

[27] 李辉,乔霞,王云霞. 沙区柠条幼苗的生长特性初探[J]. 内蒙古林业调查设计,2005,28(2):18~19.

[28] 宋彩荣,赵鹏,王宁. 不同立地类型柠条的效益分析[J]. 上海畜牧兽医通讯,2006,(2):36.

[29] 张明亮,裴国平. 晋西北公路柠条路基护坡[J]. 山西交通科技,2000,(6):15~17.

[30] 左忠,王金莲,张玉萍,等. 宁夏柠条资源利用现状及其饲料开发潜力调查[J]. 草业科学,2006,23(3):17~22.

[31] 李爱华. 苦草期柠条草粉补饲滩羊的试验研究[J]. 经验交流,2001,3(4):271.

[32] 田兴亮. 公路边坡培植柠条的探讨[J]. 山西建筑,2003,29(4):231~232.

[33] 牛西午. 柠条生物学特性研究[J]. 华北农学报,1998,13(4):122~129.

[34] 孙丽洁,李艳芬,刘福玲,等. 柠条造林技术[J]. 内蒙古科技与经济,2001,(4):94~95.

[35] 晏正明,马安平,张霁霄,等. 关于陕北旱柳规模发展的思考[J]. 防护林科技,2007,(3):75~76.

[36] 马宏荣,安永鹏,马春瑛,等. 旱柳覆膜育苗技术[J]. 陕西林业科技 2006,(2):96~97.

[37] 余如刚,杜雪玲,夏阳,等. 旱柳Q106组织培养及快繁体系的建立. 草原与草坪,2005,(5):57~59.

[38] 卢志跃,潘果平. 旱柳高杆造林技术[J]. 内蒙古农业科技(内蒙古农业职业教育专辑),2001,(6):67.

[39] 田培业,高成,杨三根,等. 毛乌素沙地旱柳头木作业技术的推广应用[J]. 内蒙古林业科技,1997,(3):25~29.

[40] 彭镇华. 樟子松. 中国城市林业[J],2004,2(2):55~57.

[41] 杨俊平. 科尔沁沙地生态环境变迁、成因及防治对策. 荒漠化防治理论与实践[M]. 呼和浩特:内蒙古大学出版社,1998:85~92.

[42] 杜平. 樟子松育苗与造林技术[J]. 河北林业科技,2000,(增刊):

15 ~ 17.
[43] 辛峰,刘常玲,赵志新,等. 樟子松育苗造林技术[J]. 河北林业科技,2000,(增刊),70 ~ 72.
[44] 于亚珍,徐兆忠,孟祥玉. 辽北地区樟子松育苗技术方法的探索与研究[J]. 内蒙古林业调查设计,2007,30(3):41 ~ 42.
[45] 王海莺. 樟子松播种育苗的关键环节[J]. 新疆农垦科技,2006,(2):53 ~ 54.
[46] 周智杉. 沙澳地区樟子松生长的多元统计分析及影响因子研究[J]. 防护林科技,2002,(1):15 ~ 18.
[47] 张琴艳. 榆林沙地樟子松的引种和荒沙造林技术[J]. 安徽农学通报,2007,13(7):91 ~ 92.
[48] 白志军. 山西北部半干旱地区樟子松造林技术[J]. 内蒙古林业调查设计,2007,30(2):26 ~ 28.
[49] 红玉,郭连生,德永军. 科尔沁沙地樟子松造林技术研究[J]. 内蒙古农业大学学报,2003,24(2):33 ~ 39.
[50] 张志诚,张联珠,郭永盛. 优良树种——新疆杨[J]. 内蒙古林业科技,1995,(4):52 ~ 56.
[51] 时永杰,屈建民. 新疆杨[C]. 我国西部荒漠化生态环境及其治理论文集,2003:172 ~ 173.
[52] 邵海燕. 优良绿化树种新疆杨引种栽培技术[J]. 中国林副特产,2006,(3):58 ~ 59.
[53] 吕志勇. 新疆杨育苗技术要点[J]. 内蒙古农业科技,2000,(增刊):39 ~ 40.
[54] 潘淑珍. 新疆杨育苗技术[J]. 内蒙古林业,2006,(6):29.

第七章　总结与讨论

7.1　工作回顾

靖王高速公路人工植被建设工程自 2003 年冬季开始实施、2006 年 12 月交工验收，绿化总面积达 475hm^2。该项研究工作于 2004 年启动，经过可行性论证、踏查选点和实地调查，于 2007 年形成研究报告。

本研究涉及范围大，为了保证调查资料的代表性、准确性和典型性，外业工作以普遍考察、机械抽样和典型抽样调查相结合，数据分析以效果评价、技术总结和理论探讨相结合。结果表明，本次绿化植物种类选择恰当、植物配置合理、栽植技术科学，造林成活率高、生长正常，植被系统的生态防护作用和交通辅助功能得到了很好发挥，但其经济效益还有待开发利用。

7.2　技术关键与创新

靖王高速公路绿化除了面临所有公路普遍的不利环境因素外，还必须克服干旱缺水、风沙危害和盐碱胁迫的制约作用。为此，本研究以解决这一问题为主线，从设计、施工和管理的全过程入手，对人工植被建设的相关问题进行系统探讨，形成了以抗旱、抗盐和防风固沙为核心的靖王高速公路人工植被建设技术体系。其中，主要包括土壤和树体水分管理、固定流沙、防止土壤返盐和做好绿化工程监理等关键环节。由此可见，该项目突出了靖王高速公路人工植被建设的特殊性和技术对策，其结果丰富了高速公路人工植被建设的研究内容，并为同类地区高速公路绿化建设提供了有益的借鉴。

为了进一步认识靖王高速公路的绿化效果，本项目对人工植被生态系统的多种功能进行了全面评价，尤其是生态效益和经济效益。至 2007 年，生态效益和经济效益替代值累计达 29 747.25 万元，其中生态效益累计价值为 28 615.18 万元、经济效益累计价值为 1 132.08 万元。在生态效益中，防风固沙和保土保肥效益所占比例最大，符合该地区风蚀和水蚀严重的特点；在经济效益中，林副产品所占比例最高。由此表明，该绿化工程植物种类选择和群落设计科学合理，人工植被系统的生态功能已经得到很好的发挥，但林副产品的经济价值还有待于进一步开发利用。针对高速公路人工植被效益系统评价鲜见报道的实际情况，该结果无疑丰富了这一方面的研究内容甚至填补了某些空白，同时为靖王高速公路人工植被功能系统和技术系统的进一步优化提供了线索。

上述成果的取得与实施工程管理密不可分，其中融合了公路工程管理和工程造林管理的核心内容，形成了与两者均不相同的管理体制和措施。首先，整个绿化工程借鉴公路施工管理的经验，实施业主、监理工程师和承包商三级管理体制，责、权、利明确。其次，借鉴工程造林管理的经验，制定了严格的审批制度、监管措施和交工验收标准。此外，实施过程管理和目标管理，无论是过程还是目标不能达到要求时都必须及时纠正，这样才能进入下一个工作环节。由于采取了这些符合公路绿化工程特征的管理体制和措施，因此保证了工程的质量和进度。

除了实施工程管理以外，认真选择表型可塑性较强的植物种类也是成功的原因之一。例如，沙棘、柠条、沙打旺和紫穗槐等都能够通过个体大小、种群数量和生物量分配调节，对路基边坡方向（主导因子为土壤水分状况）、公路两侧不同地形部位（主导因子为土壤水分和土壤养分储量）资源供应水平做出响应，从而提高了栽植效果和植被系统的各种功能效益。这些结果，填补了公路绿化植物生态适应对策的研究空白，同时丰富了干旱、半干旱地区植物种群生态学的研究内容。

7.3 成果推广应用前景

根据技术关键与创新部分所述，本研究的技术体系为同类地区的高速公路绿化提供了有益的借鉴，尤其是关于水分管理、防止土壤返盐以及固沙栽植等技术不仅可用于干旱、半干旱地区，而且可用于风沙土地区和盐碱土地区。加之本次绿化工程采用了几乎所有的造林方式，如播种造林、植苗造林、截干造林、插干造林、埋条造林等。因此，靖王高速公路绿化成果还是相关院校考察实习的良好场所，也是相关教材和著作的良好案例，这样无疑可以推动靖王高速公路绿化成果的应用。其次，在绿化工程管理中实施业主、监理工程师和承包商三级管理体系，建立了相应的评价指标体系，从而保证了工程质量与进度，为公路绿化管理提供了有益的参考。此外，在人工植被生态效益和经济效益评价中，基本采用公认的方法和指标，评价结果符合当地的实际情况,丰富了公路人工植被建设的研究内容甚至填补其中的某些空白。

综上所述,随着我国高速公路事业的迅猛发展,该项目的研究结果必将在高速公路人工植被建设中发挥积极的推动作用。

7.4 存在问题与解决途径

靖王高速公路沿线自然条件恶劣,隔离带的土壤、气候等条件更加恶劣,因此某些地段的成活情况很差。鉴于这种情况,某些地段采用防眩板替代植物隔离。当然,如果条件允许,可借鉴宁夏古王高速公路绿化的经验,即铺设渗灌系统。所以,该研究基本没有涉及隔离带植物的栽植和管护技术问题。

鉴于上述原因,该研究以路基边坡、平整带和互通立交桥人工植被建设为重点,主要探讨其建设技术体系和综合效益。但是,研究并未涉及人工植被的可持续利用问题。例如,如何进行更新才不至于降低更新期间的各种功能?如何使现有人工植被的群落结构逐步过渡到接近当地的天然群落结构?从而保持群落的长期稳定性。